어린이 여러분과 학부모님께

　이 책은 초등학교 3학년의 국어 교과서 읽기, 쓰기, 말하기, 듣기에 맞추어 아름다운 우리글을 제대로 익힐 수 있도록 구성하였습니다.
　교과서에서 단원별로 다루는 중요한 핵심 글자나 낱말, 문장들을 뽑아 읽고 쓰는 연습을 충분히 하여 자연스럽게 예습과 복습이 되도록 꾸며졌습니다.

　오늘날에는 텔레비전이나 컴퓨터가 일상 생활화되면서부터 말과 글은 빨리 익히는 데 비해 글씨는 바르고 예쁘게 쓰지 못하는 경우가 많아지는 것 같습니다. 여러 가지 놀잇감과 편리한 도구의 발달 때문에 직접 글씨를 쓸 기회가 점점 줄어들어서 더욱 그런 것이겠지요.

　어린이 여러분, 예쁜 글씨는 한 자 한 자 정성 들여 따라 쓰고 익히다 보면, 점점 예쁘고 바른 글씨체로 바뀌며 마음도 안정되고 집중력도 길러진답니다.
　또한, 아름답고 고마운 우리글을 올바르게 사용할 수 있으려면, 의미만 통하도록 간단히 줄여서 쓰거나 소리 나는 대로 제멋대로 적는다거나 해서는 안 되겠지요. 글씨를 바르고 예쁘게 쓰는 것도 중요하지만 올바른 글을 쓰는 습관도 매우 중요하답니다.

　국어 교과서 순서에 따라 구성하였기 때문에 학교 수업 진도에 맞게 미리미리 공부하며 글씨체도 예쁘게 바로잡아 줄 수 있고, 받아쓰기와 문법의 기초, 원고지 사용법, 품사에 대하여, 사전 찾는 방법 등을 재미있고 쉽게 익힐 수 있도록 구성하였습니다.

이렇게 꾸며져 있어요.

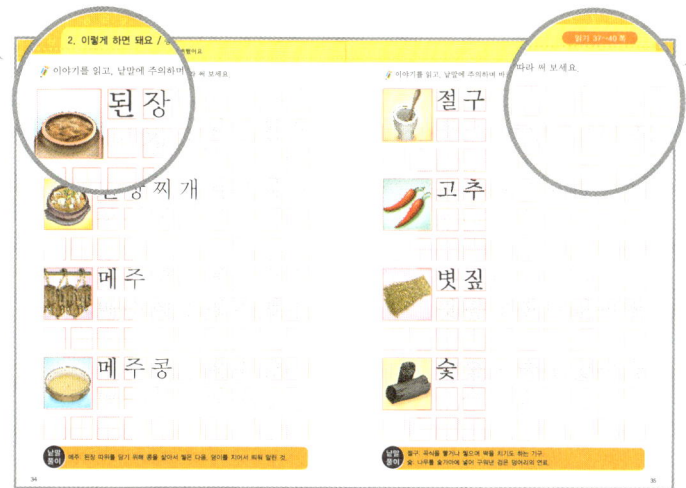

국어 교과서의 단원에 맞추어서 꾸며져 있으므로, 학교 진도에 맞게 받아쓰기와 예습, 복습을 할 수 있어요.

교과서의 과목별 쪽 수를 표기해서, 내용을 쉽게 찾아 예습, 복습할 수 있도록 구성하였습니다.

그림을 넣어서 낱말의 뜻을 이해하기 쉽게 구성했으며, 쓰기 연습을 하는 데도 지루하지 않도록 했답니다.

교과서에 나오는 반대말과 비슷한 말, 틀리기 쉬운 낱말이나 문장들의 쓰기 연습을 통해 예쁜 글씨도 익히고, 받아쓰기에도 대비할 수 있어요.

낱말 뜻을 바로바로 알 수 있도록 했어요.

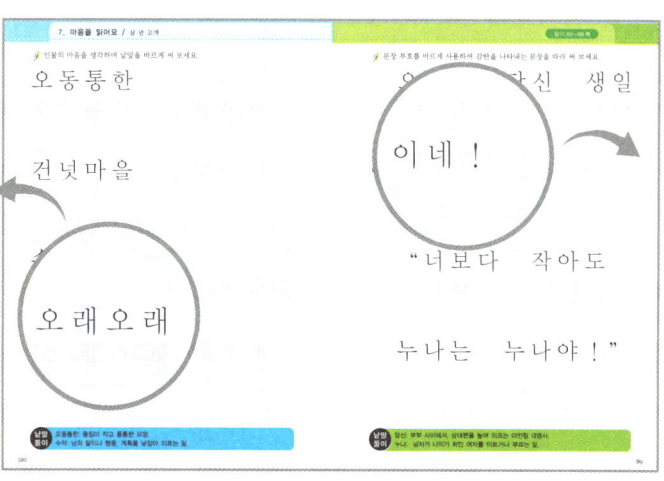

네모 칸 안에 딱 맞게 바른 글씨 쓰기 연습이 되도록 구성되어 있으므로, 글자 모양과 크기가 일정해지면서 점점 예쁘고 바른 글씨로 바뀌게 될 것입니다.

문장의 종류와 알맞은 부호도 익히고, 문장들을 뽑아 원고지 쓰기와 똑같게 쓰는 연습을 충분히 하여 원고지 사용법을 익힐 수 있습니다.

5

국어사전에서 낱말 찾는 방법

국어사전은 낱말의 뜻을 낱말의 짜임, 자음과 모음의 배열로 정리해 놓은 책이다.

뜻을 분명히 알아야 하는 낱말은 반드시 사전을 찾아봐야 한다. 그렇지 않으면 글의 내용을 완전하게 이해할 수 없고 어휘력을 향상시킬 수 없다. 사전을 찾는 습관을 들이면 어려운 낱말을 사전에서 바로 찾아 이해함으로써 책 읽기의 효과를 높일 수 있다.

1. 낱말의 짜임 알기

낱말은 하나 혹은 둘 이상의 글자로 돼 있다. 글자가 둘 이상일 경우 첫째 글자, 둘째 글자라고 한다.
각 글자는 첫소리, 가운뎃소리, 끝소리 순서로 글자의 짜임을 파악해 찾는다.

2. 낱말이 국어사전에 실리는 순서 알기

낱말은 글자의 수에 따라 첫째 글자, 둘째 글자, 셋째 글자 순대로 실린다. 이렇게 나뉜 글자는 각각 첫소리, 가운뎃소리, 끝소리와 같이 글자의 짜임대로 실린다.

3. 낱자의 순서대로 찾기

첫소리를 찾은 후에 가운뎃소리, 끝소리의 순서를 찾는다.
첫소리는 자음의 차례대로, 가운뎃소리는 모음의 차례대로, 끝소리는 받침(자음)의 차례대로 찾는다.

4. 모양이 변하는 낱말을 기본형으로 찾는 방법 알기

낱말 중에는 글자 모양이 변하는 것과 변하지 않는 것이 있다.
글자 모양이 변하는 낱말은 변형에 따라 뜻은 같으나 여러 형태를 가지고 있어 기본형만 실린다. 우선 글자의 모양이 변하는 부분과 변하지 않는 부분을 나눠야 한다. 따라서 변하지 않는 부분 뒤에 '~다'를 붙여서 으뜸꼴(기본형)을 만들어 사전을 찾는다.
동사나 형용사는 기본형으로 찾는다.
예) 갔던 - 가다, 낯선 - 낯설다

5. 뜻이 여러 가지인 경우에는 문장의 앞뒤 내용을 살펴보고 찾는 방법 알기

뜻이 여러 가지인 낱말이 있을 수 있으므로 사전에 제시된 뜻과 예문을 읽어 보고 글의 내용과 맞는 것이 어떤 것인지 판단해야 한다.

6. 표준말로 찾는다

사투리 같은 낱말이 나오면 표준말을 알아보고 그 낱말을 다시 사전에서 찾아본다.

▶ **국어사전에 나오는 자음, 모음 받침의 순서**

· 국어사전에 나온 자모 순서를 알아야 사전을 빨리, 효과적으로 찾을 수 있습니다.

첫소리 : ㄱ ㄲ ㄴ ㄷ ㄸ ㄹ ㅁ ㅂ ㅃ ㅅ ㅆ ㅇ ㅈ ㅉ ㅊ ㅋ ㅌ ㅍ ㅎ

가운뎃소리 : ㅏ ㅐ ㅑ ㅒ ㅓ ㅔ ㅕ ㅖ ㅗ ㅘ ㅙ ㅚ ㅛ ㅜ ㅝ ㅞ ㅟ ㅠ ㅡ ㅢ ㅣ

끝소리 : ㄱ ㄲ ㄳ ㄴ ㄵ ㄶ ㄷ ㄹ ㄺ ㄻ ㄼ ㄽ ㄾ ㄿ ㅀ ㅁ ㅂ ㅄ ㅅ ㅆ ㅇ ㅈ ㅊ ㅋ ㅌ ㅍ ㅎ

▶ **모양이 바뀌는 낱말을 국어사전에서 찾는 방법**

낱말은 모양이 바뀌지 않는 부분과 바뀌는 부분으로 나눌 수 있는데, 이때 낱말의 뜻을 국어사전에서 찾으려면 모양이 변하지 않는 부분에 '~다'를 붙인 낱말로 찾아야 합니다.

· 모양이 바뀌지 않는 낱말
  하늘, 친구, 어머니, 사랑, 숙제, 이름, 나무, 시계, 전화기 등

· 모양이 바뀌는 낱말
  먹은, 아파서, 혼나는, 입고, 뛰어서, 넘어지고, 담아야, 읽고, 대표하는 등

· 모양이 바뀌는 낱말을 국어사전에서 찾는 방법
  모양이 바뀌는 낱말에서 변하지 않는 부분에 '~다'를 붙인 낱말을 찾는다.

	변하지 않는 부분	변하는 부분	'~다'를 붙인 낱말
먹은	먹	은	먹다
입고	입	고	입다

▶ **여러 가지 다른 사전 찾는 방법**

· 백과사전이나 용어 사전의 경우 대개 한글 자모 순서로 항목이 배열되어 있으므로 국어사전을 찾을 때처럼 찾으면 된다.
· 전문 사전의 경우 분야별로 배열하는 경우도 있으므로 사전의 일러두기를 반드시 읽어 어떤 순서로 항목을 배열했는지 확인하고 찾는다.
  사전을 통해 알아내려 했던 내용을 찾아 메모하고, 예상하지 않았던 정보도 꼼꼼히 읽어 지식의 폭을 넓힌다.
  사전에 참고로 제시된 책과 자료의 목록도 활용하도록 한다.

품사에 대하여

품사란 낱말을 그 특징에 따라 종류별로 분류해 둔 것을 의미합니다. 문법의 가장 기초가 된다고도 볼 수 있습니다.

품사는 낱말이 가진 의미의 종류별 공통성을 기준으로 나누면 '명사, 대명사, 수사, 조사, 동사, 형용사, 관형사, 부사, 감탄사'와 같이 9품사로 나눌 수 있으며, 문장 구성에서 낱말이 가지는 역할로 나누면 '체언, 용언, 수식언, 독립언, 관계언'으로 나눌 수 있다.

5언	9품사	설명
체언	명사	사물이나 사람의 이름을 나타내는 낱말
	대명사	사람, 사물, 장소 등 명사를 대신해 나타내는 낱말
	수사	사람이나 사물의 수량 및 순서를 나타내는 낱말
관계언	조사	체언 뒤에 붙어 다른 말과 문법적인 관계를 맺거나 특별한 뜻을 더해 주는 낱말
수식언	관형사	체언을 꾸며 주는 말로 '낱말의 앞에 놓여 그 상태를 설명하는 말'입니다.
	부사	'부차적 역할을 담당하는 말'로, 문장에서 동사나 형용사를 꾸며 주기도 하며, 문장 전체를 꾸미기도 합니다.
독립언	감탄사	말하는 이의 감정을 표현하는 낱말
용언	동사	사람이나 사물의 움직임을 나타내는 낱말
	형용사	사람이나 사물이 지닌 상태나 성질, 형태나 모양을 나타내는 낱말

▶ 명사
- 일반 명사: 하늘, 사람, 땅, 시계, 별, 책상, 달, 태양, 행성, 컴퓨터 등.
- 추상 명사: 사랑, 우정, 정의, 열등감, 공포, 분노, 슬픔, 안도, 해학 등.
- 고유 명사: 홍길동, 세종대왕, 대한민국, 서울, 남대문 등의 고유한 이름.
- 의존 명사: ~것, ~수, ~대로, ~지, ~뿐, ~만 등.

▶ 대명사
- 인칭 대명사: 나, 너, 우리, 너희, 그, 그녀 등.
- 재귀 대명사: 자신, 자기 등.
- 사물 대명사: 이것, 저것, 그것 등.
- 부정 대명사: 아무, 아무개 등.
- 의문 대명사: 누구, 무엇, 어디 등.
- 처소 대명사: 이곳, 저곳, 그곳 등.

▶ 수사
- 양수사: 수량을 가리키는 수사로, 하나, 둘, 열, 한둘, 두서너, 백, 천, 만 등.
- 서수사: 순서를 가리키는 수사로, 첫째, 한두 째, 제일, 일호, 삼호 등.

▶ 조사
- 주격 조사: 이, 가, 께서, 에서
- 목적격 조사: 을, 를
- 보격 조사: 이, 가
- 서술격 조사: 이다
- 관형격 조사: 의
- 의호격 조사: 아, 야 등.
- 부사격 조사: 에게, 에, 으로, 로, 에서, 으로부터, 로부터, 로서, 로써 등.
- 보조사: 은, 는, 도, 만, 까지, 부터, 조차, 뿐, 만 등. ★ '뿐, 만' 등 보조사는 체언의 뒤에 붙어 있으면 조사로 분류됩니다.

▶ 관형사
- 지시 관형사: 이, 그, 저 등.
- 수 관형사: 어떤, 모든, 한, 두, 세, 네 등.
- 성상 관형사: 새, 헌, 첫, 고, 순 등.

▶ 부사
- 성상 부사: 매우, 잘, 가만히, 어찌, 감히, 조용히, 깨끗이 등.
- 의성 부사: 개굴개굴, 꽥꽥, 맴맴, 귀뚤귀뚤, 씽씽, 쨍그랑, 딩동 등.
- 의태 부사: 폴짝폴짝, 후다닥, 엉금엉금, 성큼성큼, 스멀스멀, 꼬물꼬물 등.
- 시간 부사: 잠깐, 이따가, 잠시, 어느 정도, 아까, 금방 등.
- 처소 부사: 이리, 저리, 그리 등.
- 부정 부사: 못, 안(아니) 등.
- 양태 부사: 과연, 어쩐지, 만약, 오직, 제발, 정녕 등.
- 접속 부사: 그런데, 그러므로, 그러나, 하지만, 왜냐하면, 즉, 또는 등.

▶ 감탄사
- 정의 감탄사: 아, 앗, 허걱, 커헉, 컥, 오, 우와, 이야, 아야, 오호 등.
- 호응 감탄사: 어이, 이봐, 야, 응, 그래, 어, 네, 오냐 등.
- 말버릇 감탄사: 뭐, 뭘 등.
- 말더듬 감탄사: 이, 그, 저, 에, 음, 저기 등.
- 전성 감탄사: 이런, 그런, 저런, 옳소, 아니, 그래 등.

▶ 동사
- 자동사: 놀다, 구르다, 자다, 울다, 일어나다, 나오다, 들어가다, 먹히다, 뚫리다 등.
- 타동사: 부수다, 씻다, 내리다, 맞추다, 켜다, 자르다, 가르치다, 맞히다, 낮추다 등.
- 보조 동사: ~대다, ~두다, ~쌓다, ~버리다 등.

▶ 형용사
- 일반 형용사: 예쁘다, 좋다, 나쁘다 등.
- 감각 형용사: 미끄럽다, 딱딱하다, 뜨겁다, 차갑다, 미지근하다 등.
- 감정 형용사: 슬프다, 노엽다, 재미있다, 행복하다, 염려스럽다 등.
- 수량 형용사: 많다, 적다, 길다, 짧다, 높다, 낮다, 크다, 작다 등.
- 색상 형용사: 파랗다, 빨갛다, 푸르다, 노랗다, 검다, 하얗다, 투명하다 등.
- 보조 형용사: ~하다, ~보다, ~싶다 등.

문법의 기초

글의 뜻을 보다 효과적으로 전달하기 위하여 비유법, 강조법, 변화법 같은 특정한 방식의 여러 수사법을 사용하여 문장을 표현합니다.

▶ **비유법**: 어떤 사물이나 마음의 상태를 그와 비슷한 특성을 지닌 사물이나 상태에 빗대어 나타내는 표현법.
- 직유법: 다른 사물을 직접적으로 빗대어 나타내는 표현기교로서 비유를 나타내는 말이 사용됨. (~처럼, ~듯이, ~같이, ~양, ~인양, ~마냥 등)
- 은유법: 'A는 B이다'와 같이 비유하는 말을 동일한 것으로 단언하듯 표현하는 법.
- 활유법: 무생물을 생물인 것처럼 표현하는 기교법.
- 의인법: 인간이 아닌 것을 인간으로 비유하는 표현법.
- 의성법: 실감을 내기 위하여 실제의 소리를 시늉하여 표현하는 기교법.
  - 의성어: 소리를 흉내낸 단어
- 의태법: 실감을 내기 위하여 사물의 상태, 동작, 모양 등을 그대로 본떠서 나타내는 표현법.
  - 의태어: 모양을 흉내낸 단어
- 중의법: 하나의 말이 서로 다른 둘 이상의 뜻을 지니게 하는 표현법.
- 풍유법: 속에 숨은 뜻을 넣어 빗대어 표현하는 것으로 속담, 격언을 이용하는 경우가 많다.
  - 우화법(동식물의 세계를 그려 인간세계를 풍자함으로써 교훈적인 내용을 표현)
- 대유법: 관련 있는 다른 사물을 빌어다가 그것으로써 대신 어떤 사물을 나타내는 것.

▶ **강조법**: 표현하고자 하는 내용이 더욱 두드러지고 선명한 인상을 주기 위하여 사용한다.
- 과장법: 실제보다 크거나 작게 과장해서 표현함으로써 신비성과 자극을 주어 강조함.
- 영탄법: 강력한 의지나 고조된 감정을 표현하기 위하여 감탄 형식을 써서 표현하는 방법.
- 반복법: 같은 낱말이나 구절(말)을 반복함으로써 감흥을 돋우고 운율을 아름답게 나타냄.
- 점층(강)법: 내용을 한 단계씩 높이거나 낮춤으로써 감정을 절정으로 이끌어가는 표현법.
- 대조법: 어떤 것을 강조하고자 할 때 서로 반대되는 것을 맞세워 뚜렷한 차이를 드러내게 함.
- 미화법: 표현하려는 사물을 실제보다 더 과장되게 표현하여 인상 깊게 강조하기 위한 표현.
- 열거법: 내용이나 계통이 같거나 유사한 사실을 죽 늘어놓아 표현 효과를 높이는 방법.
- 연쇄법: 앞 구절의 말끝을 따서 뒷말의 머리를 삼는 표현법, 뒷말을 이어가는 것과 같다.
- 돈강법: 앞글에서 감정의 절정을 이뤄 놓고 갑자기 감정을 뚝 떨어지게 하는 표현법.

▶ **변화법**: 문장의 표현이 단순해지는 것을 피하여, 참신하고 생동하는 효과를 주기 위한 서술 방법.
- 도치법: 문장의 배열 순서를 바꾸어 놓음으로써 강한 인상을 주는 표현법.
- 인용법: 속담, 격언, 교훈담, 고사 등을 인용하여 표현을 풍부하게 하는 표현법.
- 설의법: 일부러 의문 투로 끝을 맺어 독자로 하여금 그 대답을 스스로 얻게 하는 표현법.
- 대구법: 비슷한 말(어구)을 맞서게 하여 문장의 표현 효과를 높이는 표현 방법.
- 반어법: 나타내려는 본의와는 정반대의 뜻으로 표현하는 방법.
- 생략법: 생략해도 뜻이 통하는 것을 생략해서 독자의 상상과 판단에 맡기는 것.

발음과 표기법

▶ 구개음화

끝소리가 'ㄷ, ㅌ'인 형태소가 모음 'ㅣ'로 시작하는 형식 형태소와 만나면 그 'ㄷ, ㅌ'이 구개음(입천장소리) 'ㅈ, ㅊ'이 되는데, 구개음화는 모음 'ㅣ' 때문에 일어나는 동화현상의 하나입니다. 말할 때는 구개음화 된 것을 표준 발음으로 인정하지만, 글로 쓸 때에는 원형을 밝혀 적습니다.

가치 -> 같이	다쳐 -> 닫혀	부치다 -> 붙이다
거치다 -> 걷히다	달마지 -> 달맞이	산싸치 -> 샅샅이
구지 -> 굳이	무치다 -> 묻히다	구치다 -> 굳히다
난나치 -> 낱낱이	미다지 -> 미닫이	해도지 -> 해돋이

▶ 두음법칙

누구나 이와 같은 말을 쓸 때, '율'과 '률' 중에서 어느 것을 선택할지 한번쯤 고민합니다. 그 외에도 '남여'로 써야 할지 '남녀'로 써야 할지 몰라서 혼동할 때가 많습니다.

'ㄴ, ㄹ, 음가 없는 ㅇ' 사이의 표기 혼란은 '두음 법칙'이라는 우리말 음운 규칙 때문에 생깁니다. 두음법칙에 관한 구체적인 내용은 한글 맞춤법에 상세하게 규정되어 있습니다. 여기서는 두음법칙과 관련하여 자주 틀리는 단어의 예를 보고 익히도록 합니다.

남여 -> 남녀	능율 -> 능률	분렬 -> 분열
당요병 -> 당뇨병	명중율 -> 명중률	비률 -> 비율

▶ 모음조화

두 음절 이상의 단어에서, 뒤 음절의 모음이 앞 음절 모음의 영향을 받아 아주 같거나 그에 가까운 성질의 모음이 어울리는 현상입니다. 쉽게 말해 'ㅏ', 'ㅗ' 따위의 양성 모음은 양성 모음끼리, 'ㅓ', 'ㅜ', 'ㅡ' 따위의 음성 모음은 음성 모음끼리 어울리는 현상입니다.

이러한 모음 조화 현상은 의성어나 의태어, 강조어, 어간과 어미 등에서 지켜지지만 현대 국어에서는 'ㅂ불규칙 용언'인 단어나 '깡충깡충', '꼬불꼬불' 등 모음조화에 어긋난 예도 많습니다.

곱다 -> 고와	쌍동이 -> 쌍둥이	안타까와 -> 안타까워
돕다 -> 도와	깡총깡총 -> 깡충깡충	오똑이 -> 오뚝이
가까와 -> 가까워	수고로왔다 -> 수고로웠다	파래지다 -> 퍼레지다
고마와 -> 고마워	아름다와 -> 아름다워	하얘지다 -> 허예지다

▶ 자음동화

'자음'이 서로 가까이 인접해 있는 것들이 서로 닮아서 발음되어 가는 현상을 말합니다.

인접한 자음이 'ㅁ, ㄴ, ㄹ, ㅇ'으로 변하면 '자음동화'라고 하는데, 그 중 앞의 것만 변하면 '역행동화', 뒤의 것만 바뀌면 '순행동화', 다 바뀌면 '상호동화'라고 하고, 같은 자음으로 바뀌면 '완전동화', 서로 다른 자음으로 바뀌면 '불완전동화'라고 합니다.

- ㅂ, ㄷ, ㄱ + ㅁ, ㄴ ➡ ㅁ, ㄴ, ㅇ + ㅁ, ㄴ
  밥물 -> 밤물, 집는다 -> 짐는다, 받는다 -> 반는다, 속는다 -> 송는다, 국물 -> 궁물
- ㅁ, ㅇ, ㅂ + ㄹ ➡ ㅁ, ㅇ + ㄴ
  남루 -> 남누, 종로 -> 종노
- ㅂ, ㄷ, ㄱ + ㄹ ➡ ㅁ, ㄴ, ㅇ + ㄴ
  섭리 -> 섬니, 몇리 -> 면니, 백로 -> 뱅노
- ㄴ + ㄹ, ㄹ + ㄴ ➡ ㄹ + ㄹ
  신라 -> 실라, 칼날 -> 칼랄

원고지 사용법을 익혀 보세요.

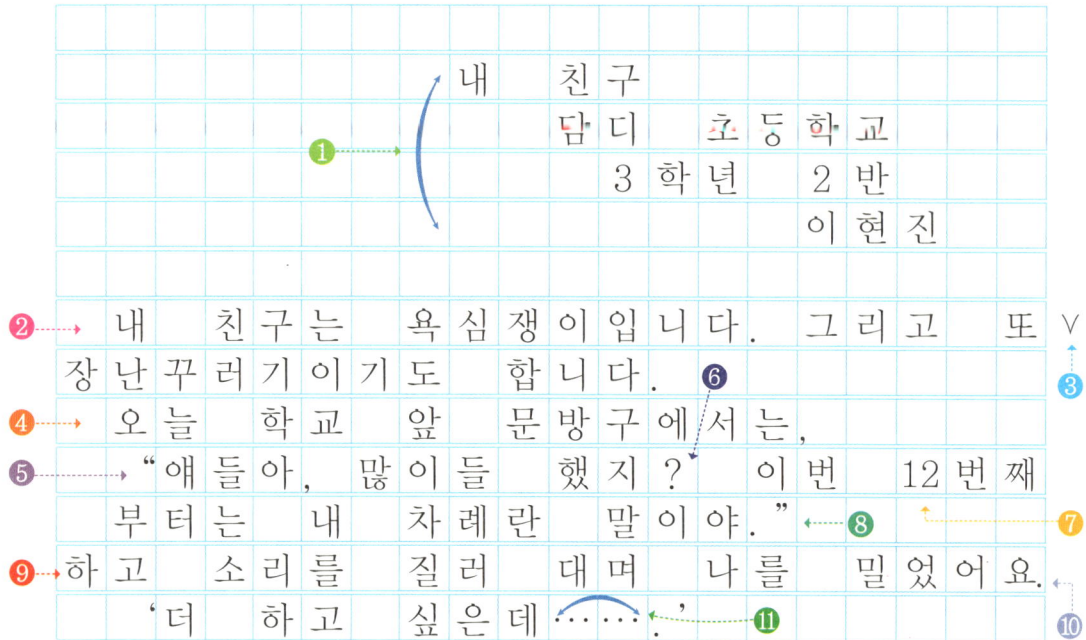

① 둘째 줄 가운데에 제목을 쓰고, 학교 이름은 셋째 줄의 뒤에서 3칸 정도 남겨 두고 써 주세요. 학년과 반은 넷째 줄의 뒤에서 3칸 정도 남겨 두고 쓰고, 이름은 다섯째 줄에 쓰는데 뒤에서 2칸을 남겨 둡니다.

② 본문은 이름 밑에 1행을 띄우고 써요. 문장이 시작될 때는 항상 첫 칸을 비우는데, 이어진 문장을 쓸 때는 첫 칸을 비우지 않고 이어서 씁니다.

③ 오른쪽 끝에서 낱말과 낱말을 띄어 써야 할 때는 다음 행 왼쪽 첫 칸은 비우지않고 임의로 옆에 띄어쓰기 표시(∨)만 해 줍니다.

④ 글의 내용이 바뀔 때는 줄을 바꾸어 쓰고, 첫 칸은 반드시 비워 둡니다.

⑤ 대화 글의 큰따옴표(" ")와 작은따옴표(' ')는 앞의 한 칸을 비워 쓰고, 글은 셋째 칸부터 씁니다. 그리고 다음 줄부터는 둘째 칸부터 글을 씁니다.

⑥ 물음표(?)와 느낌표(!)는 한 칸에 쓰고, 다음 칸은 반드시 비워 둡니다. 따옴표와 함께 쓸 때는, 따옴표를 바로 다음 칸에 써 줍니다.

⑦ 숫자는 한 칸에 두 자씩 씁니다.

⑧ 온점(.)과 반점(,)은 한 칸에 쓰고, 다음 칸은 비우지 않아요. 온점과 따옴표는 한 칸 안에 함께 써 줍니다.

⑨ 대화 글이나 혼잣말 뒤에 나오는 문장이 앞에 있는 문장과 이어지면 첫째 칸부터 쓰고, 문장이 이어지지 않고 새로 시작되면 둘째 칸부터 쓴답니다.

⑩ 문장이 맨 끝 칸에서 끝났을 때, 온점과 반점은 마지막 글자와 한 칸에 함께 쓰고, 물음표와 느낌표는 임의로 한 칸을 옆에 더 그려 주고 그곳에 씁니다.

⑪ 줄임표는 한 칸에 세 개씩 나누어 두 칸에 찍습니다.

차 례

들어가기
- 3학년 어린이들에게 ················ 4
- 이렇게 꾸며져 있어요 ·············· 5
- 국어사전에서 낱말 찾는 방법 ·········· 6
- 품사에 대하여 ···················· 8
- 문법의 기초 ······················ 10
- 원고지 사용법 ···················· 12

마음으로 보아요
- 마음을 떠올리며 낱말 익히기 ········ 14
- 인물의 성격을 생각하며 ············ 18
- 흐름과 내용을 간추리는 방법 ········ 26
- 여러 가지 독서 감상문을 읽고 ······· 28

이렇게 하면 돼요
- 낱말의 뜻을 찾는 방법 ············· 30
- 낱말의 뜻에 주의하며 ·············· 34
- 안내하는 말을 들을 때에 주의할 점 ···· 42
- 짜임에 맞게 글을 쓰는 방법 ········· 44

함께 사는 세상
- 내용을 간추리는 방법 ··············· 46
- 글의 흐름에 따라 내용을 간추리기 ····· 50
- 원인과 결과가 연결지어진 문장 ········ 58
- 알맞은 낱말 사용하기 ··············· 60

차근차근 하나씩
- 글에 나타난 일의 방법에 대하여 ······ 62
- 일의 방법을 파악하는 법 ············ 70
- 여러 가지 뜻으로 사용되는 낱말 ······ 74
- 여러 가지 안내문이나 설명서 ········· 76

주고받는 마음
- 문장의 종류 알아보기 ··············· 78
- 상황에 알맞은 문장의 종류 ·········· 80
- 전화로 대화할 때에 지켜야 할 예절 ···· 90
- 문장의 종류를 달리하여 표현하기 ····· 92

서로의 생각을 나누어요
- 독서 감상문을 읽고 ················ 94
- 인물의 행동에 대한 의견을 비교 ····· 100
- 인물의 행동에 대한 내 의견 ········· 106
- 읽는 이를 고려하는 방법 ············ 108

마음을 읽어요
- 인물의 마음을 살펴보며 ············ 110
- 인물의 마음이 드러난 부분 ········· 114
- 등장인물의 특성을 알아보고 ········· 122
- 독서 감상문을 주고받으면 좋은 점 ···· 124

1. 마음으로 보아요 / 번데기와 달팽이

✏️ 시에 담긴 마음을 떠올리며 낱말을 따라 써 보세요.

낱말 풀이
웅크린: 몸 따위를 움츠린 모습.
껍데기: 겉을 싸고 있는 물질.

읽기 6~7쪽

✏️ 시에 담긴 마음을 떠올리며 문장을 따라 써 보세요.

홑이불을 똘똘 말고 번데기가 된다.

껍데기 훌훌 벗고 ✓

나비가 되어야지.

낱말 풀이
홑이불: 주로 여름에 덮는 홑겹으로 된 이불.
번데기: 곤충의 애벌레가 성충이 되는 과정 중에 한동안 아무것도 먹지 않고 고치 속에 들어 있는 몸.

1. 마음으로 보아요 / 흔들리는 마음

✏️ 시에 담긴 마음을 생각하며 낱말을 따라 써 보세요.

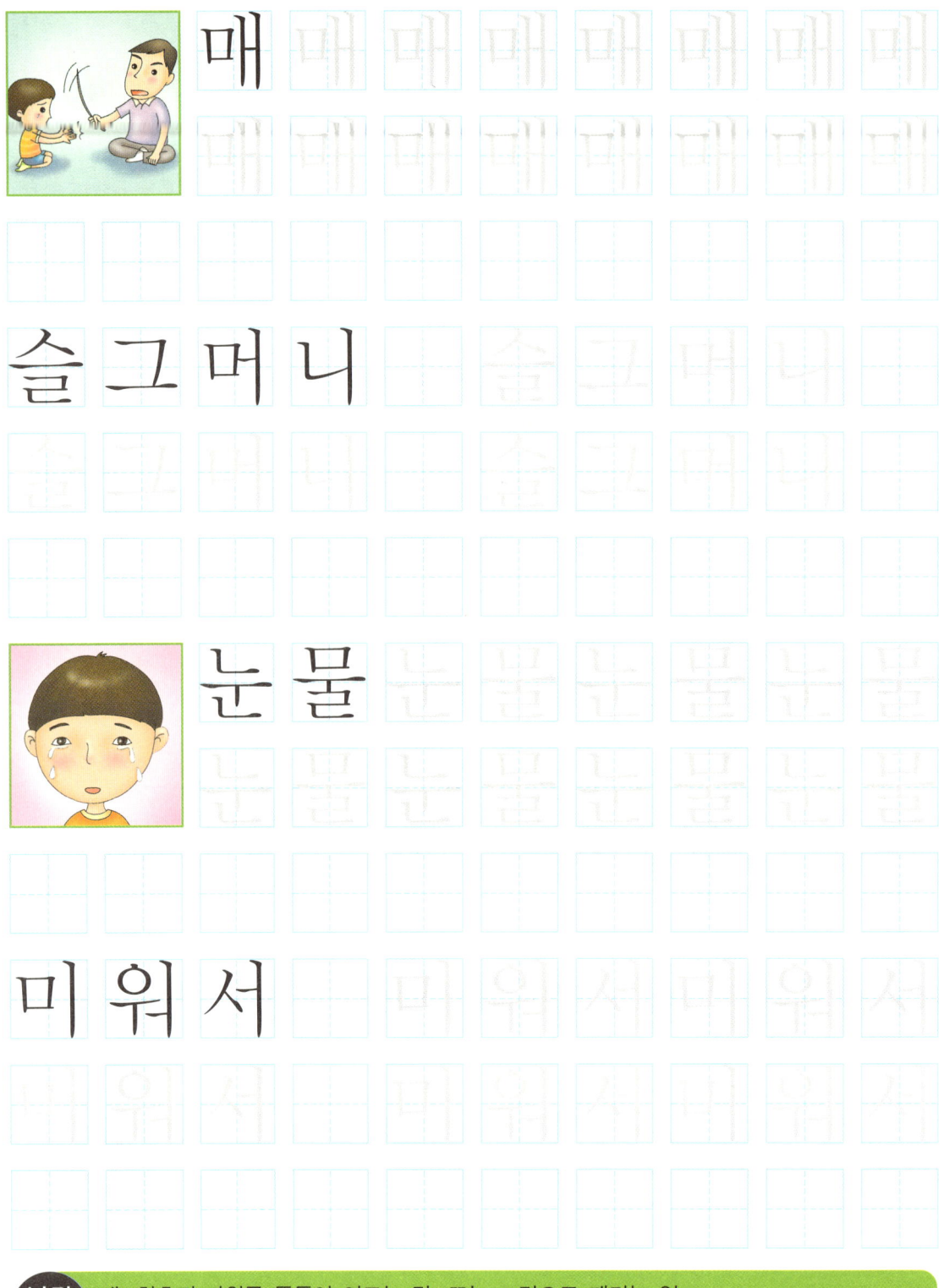

낱말풀이
매: 회초리 따위를 통틀어 이르는 말. 또는 그것으로 때리는 일.
슬그머니: 남이 알아차리지 못하게 슬며시.

읽기 8~11쪽

✏️ 시에 담긴 마음을 생각하며 문장을 따라 써 보세요.

아버지가 내 눈물

을 닦아 주었다.

마음이 흔들리는

까닭은 무엇일까요?

낱말 풀이
닦아: 거죽의 물기를 훔치다.
흔들리는: 어떤 일이나 말이 사람의 마음을 동요하게 하거나 약한 상태가 되게 하다.

1. 감동의 물결 / 바위나라와 아기별

✏️ 이야기를 읽고, 인물의 성격을 생각하며 낱말을 바르게 써 봅시다.

낱말풀이
감장: 검은 빛깔.
함빡: 분량이 차고도 남도록 넉넉하게.

읽기 12~22쪽

✏️ 이야기를 읽고, 인물의 성격을 생각하며 낱말을 바르게 써 봅시다.

| 낱말 풀이 | 밤새: '밤사이'의 준말로 밤이 지나는 동안.
불끈: 물체 따위가 두드러지게 치밀거나 솟아오르거나 떠오르는 모양. |

1. 감동의 물결 / 바위나라와 아기별

✏️ 이야기를 읽고, 인물의 성격을 생각하며 낱말을 바르게 써 봅시다.

낱말풀이
찰싹찰싹: 액체가 단단한 물체에 마구 부딪치는 소리가 나다. 또는 그런 소리를 내다.
글썽글썽: 눈에 눈물이 넘칠 듯이 자꾸 그득하게 고이는 모양.

읽기 12~22쪽

✏️ 이야기를 읽고, 인물의 성격을 생각하며 낱말을 바르게 써 봅시다.

쓸쓸한

부릅뜨고

울음소리

까마득히

낱말풀이
부릅뜨고: 무섭고 사납게 눈을 크게 뜨고.
까마득히: 거리가 매우 멀어 보이는 것이나 들리는 것이 희미하게.

1. 감동의 물결 / 바위나라와 아기별

✏️ 이야기를 읽고, 인물의 성격을 생각하며 문장을 바르게 써 봅시다.

한끝에서 한끝까지 ✓

펼쳐져 있었습니다.

낱말풀이
한끝: 한쪽의 맨 끝.
펼쳐져: 펴져서 드러나다.

📝 이야기를 읽고, 인물의 성격을 생각하며 문장을 바르게 써 봅시다.

울음소리를 듣고

깜짝 놀랐습니다.

낱말 풀이
울음소리: 우는 소리.
깜짝: 갑자기 놀라는 모양.

1. 감동의 물결 / 바위나라와 아기별

이야기를 읽고, 인물의 성격을 생각하며 낱말을 바르게 써 봅시다.

문지기

쫓겨난

모진

간절한

낱말 풀이
문지기: 드나드는 문을 지키는 사람.
모진: 참고 견디기 힘든 일을 능히 배기어 낼 만큼 억세다.

✏️ 이야기를 읽고, 인물의 성격을 생각하며 문장을 바르게 써 봅시다.

아기별을 하늘 문

밖으로 내쫓았습니다.

해마다 바위나리는 ✓

바닷가에 피었습니다.

낱말 풀이
해마다: 그해 그해.
바위나리: 바위틈에 피어나는 나리꽃.

1. 감동의 물결 / 금강초롱, 방귀쟁이 며느리

✏️ 흐름과 내용을 간추리는 방법을 알아보고 문장도 써 보세요.

약초를 찾아 숲

속을 헤매었습니다.

계수나무 열매를

구하려고 갔습니다.

 낱말풀이 계수나무: 계수나뭇과의 낙엽 활엽 교목.

✏️ 흐름과 내용을 간추리는 방법을 알아보고 문장도 써 보세요.

처자가 가진 비밀

은 무엇인가요?

친정으로 돌려보내

기로 하였습니다.

낱말
풀이
처자: 처녀. 결혼을 하지 않은 성년 여자.
친정: 결혼한 여자의 부모 형제 등이 살고 있는 집.

1. 감동의 물결 / '엄마 찾아 삼만 리'를 읽고

✏️ 여러 가지 독서 감상문을 읽고, 문장도 따라 써 보세요.

상상할 수 없을

정도로 힘들었어요.

사랑과 감사의 마

음을 전하여 보세요.

낱말 풀이
정도: 알맞은 한도.
감사: 고맙게 여김. 또는 그런 마음.

쓰기 126~133쪽

✏️ 여러 가지 독서 감상문을 읽고, 문장도 따라 써 보세요.

　겉면에 페인트칠만 ✓
새로 하였습니다.
　헐레벌떡 아이들에
게 달려갔습니다.

 낱말 풀이
겉면: 겉으로 드러나 보이는 면.
헐레벌떡: 숨을 가쁘고 거칠게 몰아쉬는 모양.

2. 이렇게 하면 돼요 / 국어사전 찾기

✏️ 낱말의 뜻을 찾는 방법을 알아보고 낱말도 바르게 써 보세요.

낱말풀이
국립: 공공의 이익을 위하여 나라의 예산으로 세우고 관리함.
여쭈어: 웃어른에게 말씀을 올리어.

📝 사전을 어떻게 사용할지 생각하며 문장을 써 보세요.

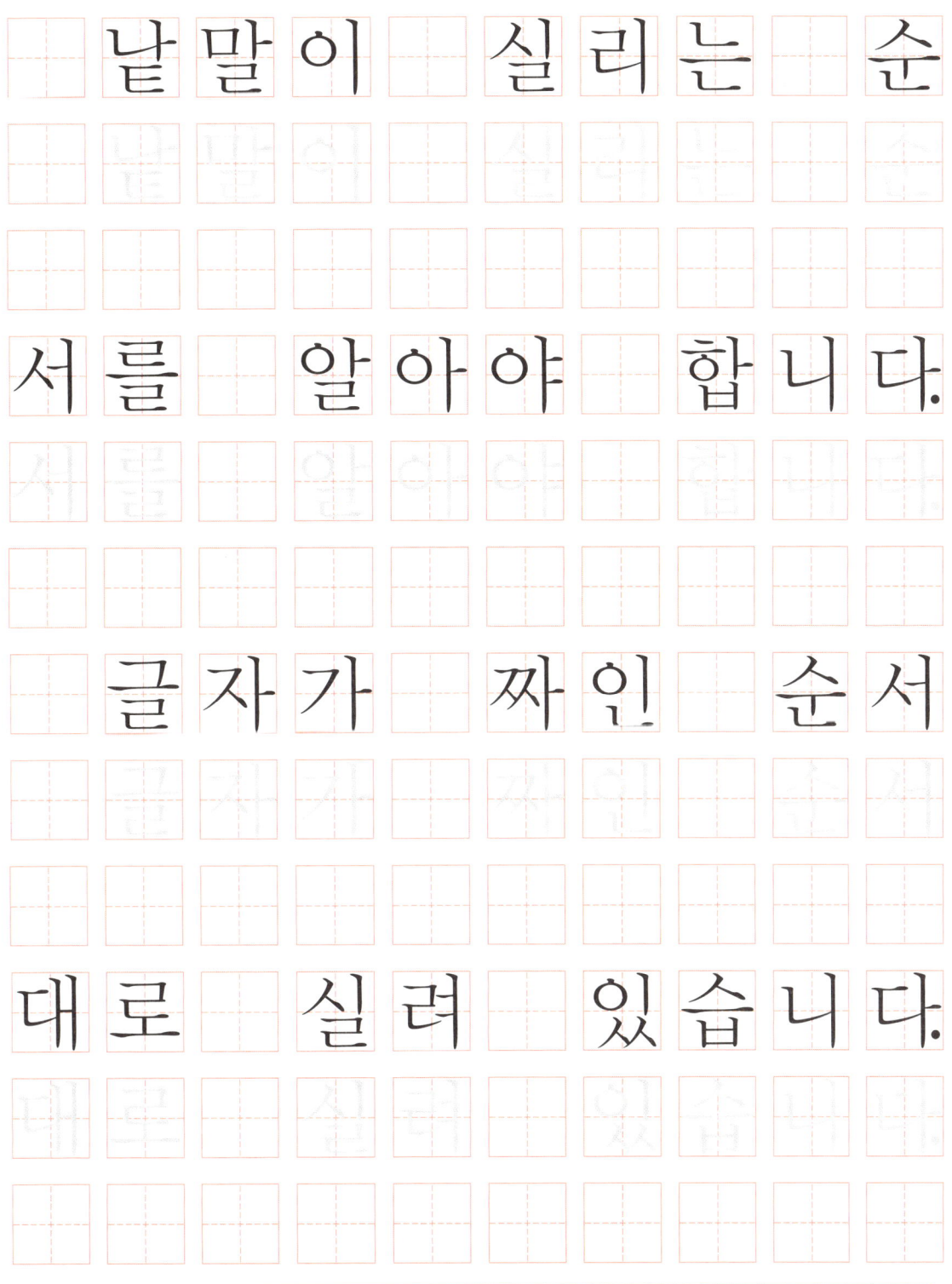

| 낱말 풀이 | 실리는: 글, 그림, 사진 따위를 책이나 신문 따위의 출판물에 싣는.
짜인: 틀이나 구성 따위가 조화로운. |

2. 이렇게 하면 돼요 / 들꽃을 지키는 방법

✏️ 모양이 바뀌는 낱말을 찾는 방법을 알아보고 낱말도 따라 써 보세요.

낱말 풀이
위기: 위험한 고비나 시기.
흔한: 보통보다 더 자주 쉽게 접할 수 있는.

읽기 31~36쪽

✏️ 모양이 바뀌는 낱말을 찾는 방법을 알아보고 문장도 따라 써 보세요.

멸종할 위험에 놓여 있습니다. 그 다음 해에도 꽃을 볼 수 있습니다.

낱말풀이 멸종: 생물의 한 종류가 아주 없어짐. 또는 한 종류를 아주 없애 버림.

2. 이렇게 하면 돼요 / 콩이 된장으로 변했어요

✏️ 이야기를 읽고, 낱말에 주의하며 바르게 따라 써 보세요.

낱말풀이 메주: 된장 따위를 담그기 위해 콩을 삶아서 찧은 다음, 덩이를 지어서 띄워 말린 것.

읽기 37~40쪽

✏️ 이야기를 읽고, 낱말에 주의하며 바르게 따라 써 보세요.

낱말풀이
절구: 곡식을 빻거나 찧으며 떡을 치기도 하는 기구.
숯: 나무를 숯가마에 넣어 구워 낸 검은 덩어리의 연료.

2. 이렇게 하면 돼요 / 콩이 된장으로 변했어요

✏️ 이야기를 읽고, 낱말에 주의하며 바르게 따라 써 보세요.

꾸덕꾸덕

뚝딱

분해

성분

낱말풀이
꾸덕꾸덕: 물기 있는 물체의 거죽이 조금 마르거나 얼어서 꽤 굳어진 상태.
삭혀: 음식물이 발효되어 맛이 들다.

읽기 37~40쪽

✏️ 이야기를 읽고, 낱말에 주의하며 바르게 따라 써 보세요.

불린

고유한

제거

빗물

낱말풀이
불린: 물에 젖어서 부피가 커진.
제거: 없애 버림.

2. 이렇게 하면 돼요 / 콩이 된장으로 변했어요

✏️ 낱말에 주의하며 문장을 바르게 따라 써 보세요.

볏짚으로 묶어 띄

울 준비를 한다.

낱말풀이 띄울: 누룩이나 메주 따위가 발효하다.

✏️ 낱말에 주의하며 문장을 바르게 따라 써 보세요.

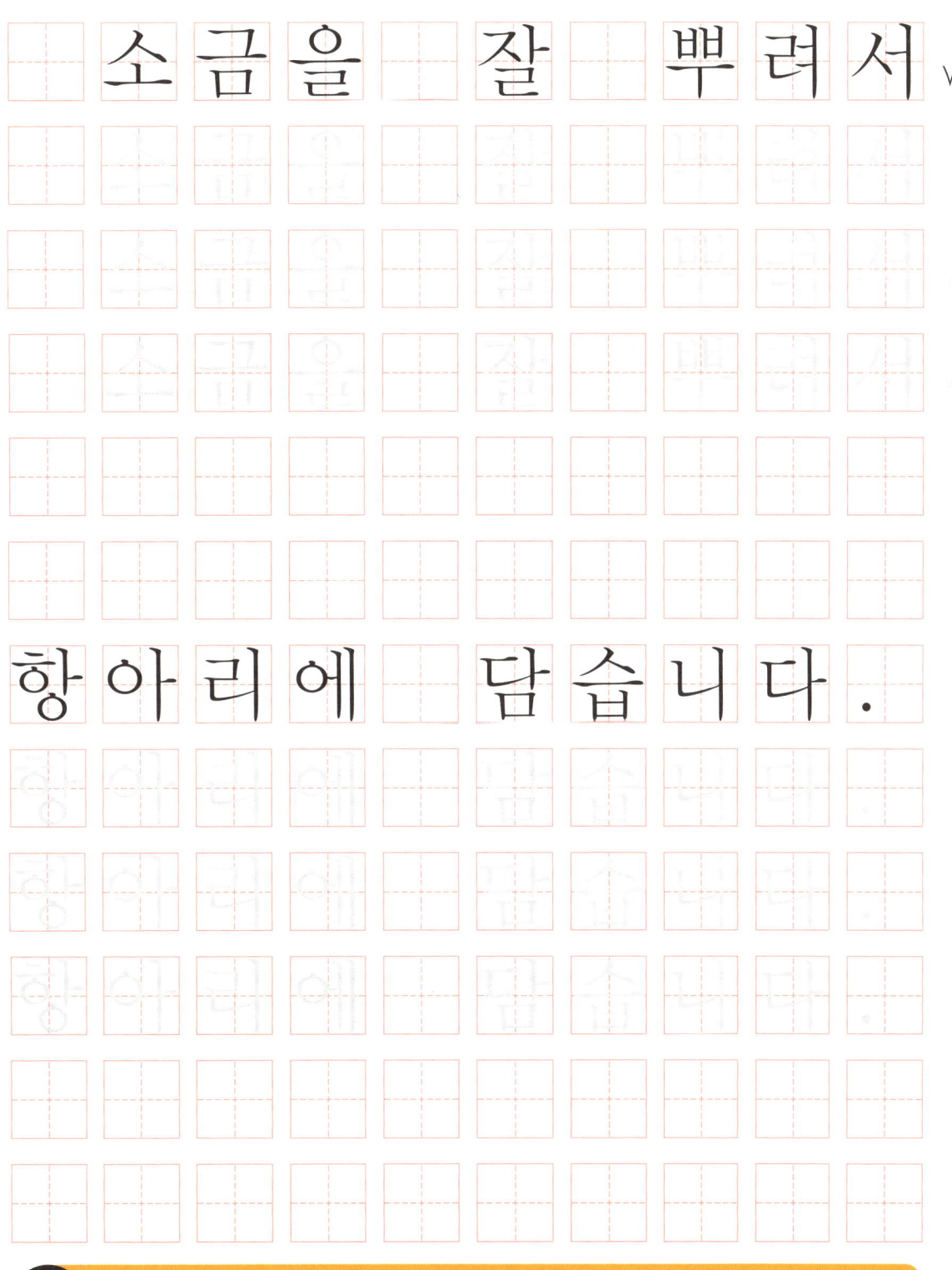

낱말풀이 항아리: 아래위가 좁고 배가 부른 질그릇.

2. 이렇게 하면 돼요 / 콩이 된장으로 변했어요

✏️ 글의 내용을 파악하고, 낱말을 바르게 따라 써 보세요.

미생물

번식

잡균

삭혜

낱말풀이
미생물: 눈으로는 볼 수 없는 아주 작은 생물로 보통 세균, 효모, 원생동물 따위.
잡균: 잡다한 세균.

✏️ 글의 내용을 파악하고, 문장을 바르게 따라 써 보세요.

　메주 반죽을 만들어 모양을 낸다.

　바람이 잘 통하는 곳에 매달아 둔다.

 낱말 풀이
반죽: 가루에 물을 부어 이겨 갬. 또는 그렇게 한 것.
매달아: 줄이나 끈, 실 따위로 잡아매어서 달려 있게 하다.

2. 이렇게 하면 돼요 / 안내하는 말

✏️ 안내하는 말을 들을 때에 주의할 점을 알아보고 문장도 써 보세요.

우리에게 필요한
정보가 들어 있어요.
들은 내용은 모두 ∨
적어야 해.

낱말풀이 정보: 수집한 자료를 실제 문제에 도움이 될 수 있도록 정리한 지식. 또는 그 자료.

말하기, 듣기 21~33쪽

✏️ 안내하는 말을 들을 때에 주의할 점을 알아보고 문장도 써 보세요.

나중에 찾기 쉽게 ∨
잘 두어야겠어.
중요한 내용을 골
라 간단히 적어요.

낱말풀이 나중: 얼마의 시간이 지난 뒤.

2. 이렇게 하면 돼요 / 문단의 짜임에 맞게 글을 쓰는 방법

✏️ 짜임에 맞게 글을 쓰는 방법을 알아보고 문장도 써 보세요.

　분명하고　효과적으로　전달할　수　있다.

　뒷받침　문장을　자세히　적어　줍니다.

낱말풀이
효과적: 어떤 목적을 지닌 행위에 의하여 보람이나 좋은 결과가 드러나는.
뒷받침: 뒤에서 지지하고 도와주는 일.

쓰기 135~147쪽

✏️ 짜임에 맞게 글을 쓰는 방법을 알아보고 문장도 써 보세요.

　하나의 중심 생각

이 있어야 합니다.

　중심 문장과 관련 ∨

있는 내용을 씁니다.

낱말
풀이
중심: 매우 중요하고 기본이 되는 부분.
관련: 서로 관계를 맺어 매여 있음.

3. 함께 사는 세상 / 토끼와 거북

✏️ 이야기의 흐름에 따라 내용을 간추리는 방법을 알아보고 낱말도 써 보세요.

낱말풀이
결승점: 승부가 결정되는 지점.
경주: 일정한 거리를 달려 빠르기를 겨루는 일. 또는 그런 경기.

읽기 44~46쪽

✏️ 이야기의 흐름에 따라 내용을 간추리는 방법을 알아보고 문장도 써 보세요.

달리기를 하다가

낮잠을 잤습니다.

놀림받던 거북이

경주에서 이겼습니다.

낱말풀이 놀림: 남을 흉보거나 비웃는 짓.

3. 함께 사는 세상 / 토끼와 거북

✏️ 이야기의 흐름에 따라 내용을 간추리는 방법을 알아보고 낱말도 써 보세요.

도 착

느 림 보

힘 껏

중 간

낱말풀이
느림보: 행동이 느리거나 게으른 사람을 낮잡아 이르는 말.
힘껏: 있는 힘을 다하여. 또는 힘이 닿는 데까지.

✏️ 이야기의 흐름에 따라 내용을 간추리는 방법을 알아보고 문장도 써 보세요.

토끼는 중간에 낮잠을 잤습니다.

거북은 토끼 옆을 지나갔습니다.

낱말풀이
중간: 공간이나 시간 따위의 가운데.
낮잠: 낮에 자는 잠.

3. 함께 사는 세상 / 병태와 콩 이야기

✏️ 이야기를 읽고, 글의 흐름에 따라 내용을 간추려보고 낱말도 바르게 써 보세요.

교 탁

과 학

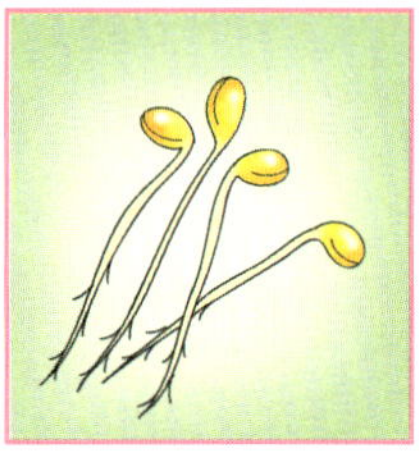

콩 나 물

손 수

 낱말 풀이
과학: 보편적인 진리나 법칙의 발견을 목적으로 한 체계적인 지식.
손수: 남의 힘을 빌리지 아니하고 제 손으로 직접.

✏️ 이야기를 읽고, 글의 흐름에 따라 내용을 간추려보고 문장도 바르게 써 보세요.

읽기 47~61쪽

　유리 막대로 화분
속 흙을 파헤쳤어요.

　화분에 심은 콩은
곧 싹이 틀 거예요.

낱말 풀이
파헤치다: 속에 있는 것이 드러나도록 파서 젖히다.
트다: 식물의 싹, 움, 순 따위가 벌어지다.

3. 함께 사는 세상 / 병태와 콩 이야기

✏️ 이야기를 읽고, 글의 흐름에 따라 내용을 간추려보고 낱말도 바르게 써 보세요.

낱말풀이
사물함: 학교 따위에서 학생들이 제각기 물품을 넣어 둘 수 있게 만든 개인 보관함.
교무실: 교사가 교재를 준비하는 등 여러 가지 일을 맡아보는 곳.

읽기 47~61쪽

✏️ 이야기를 읽고, 글의 흐름에 따라 내용을 간추려보고 낱말도 바르게 써 보세요.

| 낱말 풀이 | 힐끗힐끗: 가볍게 슬쩍슬쩍 자꾸 흘겨보는 모양.
절레절레: 머리를 좌우로 자꾸 흔드는 모양. |

3. 함께 사는 세상 / 병태와 콩 이야기

✏️ 이야기를 읽고, 글의 흐름에 따라 내용을 간추려보고 문장도 바르게 써 보세요.

햇볕이 잘 드는

창가에 놓으셨습니다.

낱말풀이 창가: 창문의 가장자리. 또는 창문과 가까운 곳.

읽기 47~61쪽

📝 이야기를 읽고, 글의 흐름에 따라 내용을 간추려보고 문장도 바르게 써 보세요.

할머니 손길은 참 넉넉해 보입니다.

낱말 풀이
손길: 돌보아 주거나 도와주는 일.
넉넉해: 마음이 넓고 여유가 있다.

3. 함께 사는 세상 / 병태와 콩 이야기

✏️ 이야기를 읽고, 글의 흐름에 따라 내용을 간추려보고 낱말도 바르게 써 보세요.

| 낱말풀이 | 실험: 실제로 해 봄. 또는 직접 이론이나 현상을 관찰하고 측정하는 일.
보조개: 말하거나 웃을 때에 볼에 움푹 들어가는 자국. |

✏️ 이야기를 읽고, 글의 흐름에 따라 내용을 간추려보고 문장도 바르게 써 보세요.

중요한 장면을 빠뜨리지 않습니다.

지나치게 자세히 말하지 않습니다.

낱말 풀이
장면: 어떤 장소에서 드러난 면이나 벌어진 광경.
지나치게: 일정한 한도를 넘어 정도가 심하게.

3. 함께 사는 세상 / 원인과 결과에 대하여

✏️ 원인과 결과가 연결 지어진 문장을 따라 써 보세요.

복도에서 뛰다가

부딪혀 넘어졌습니다.

이불을 덮지 않아

감기에 걸렸습니다.

낱말풀이
복도: 건물 안에 다니게 된 통로.
부딪혀: 무엇과 무엇이 힘 있게 마주 닿거나 마주대게 되어.

✏️ 원인과 결과에 대하여 생각해 보고 문장을 따라 써 보세요.

　원인과　결과가　드러나게　말하였나요?

　원인과　결과를　관련지어　말하였나요?

낱말
풀이
드러나게: 알려지지 않은 사실이나 내용이 널리 밝혀지게.
관련지어: 둘 이상의 현상이나 내용 따위가 서로 관계를 맺게 하다.

3. 함께 사는 세상 / 알맞은 낱말의 사용에 대하여

✏️ 알맞은 낱말을 사용하여 문장을 완성해 보세요.

알맞은 낱말을 골라 글을 써야 한다.

누구에게 쓰는 말인지 생각하며 쓴다.

낱말풀이 골라: 여럿 중에서 가려내거나 뽑아.

✏️ 알맞은 낱말을 사용하여 문장을 완성해 보세요.

　내용이　정확하게

나타나도록　썼나요?

　연결하여　주는　낱

말을　사용하였나요?

낱말 풀이　연결: 사물과 사물 또는 현상과 현상이 서로 이어지거나 관계를 맺음.

4. 차근차근 하나씩 / 즐거운 체조 따라하기

✏️ 일의 방법을 파악하는 법을 알아보고 낱말을 써 보세요.

체조 체조 체조 체조
체조 체조 체조

깍지 깍지 깍지 깍지
깍지 깍지 깍지

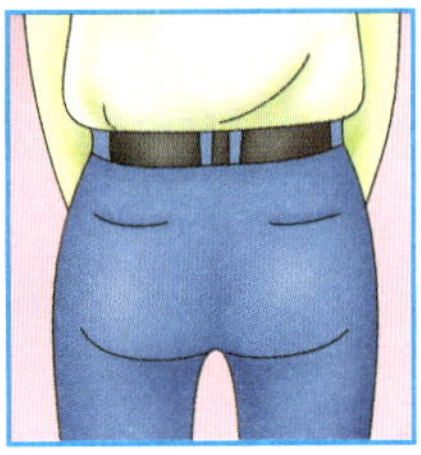

엉덩이 엉덩이
엉덩이 엉덩이

몸동작 몸동작 몸동작
몸동작 몸동작 몸동작

낱말풀이
깍지: 열 손가락을 서로 엇갈리게 바짝 맞추어 잡은 상태.
몸동작: 몸을 움직이는 동작.

읽기 66~69쪽

✏️ 일의 방법을 파악하는 법을 알아보고 문장을 써 보세요.

몸의 여러 부분을
움직이는 운동입니다.
동작을 반대로도
여러 번 반복합니다.

낱말
풀이
동작: 몸이나 손발 따위를 움직임. 또는 그런 모양.
반복: 같은 일을 되풀이함.

4. 차근차근 하나씩 / 선물 상자 포장하기

✏️ 일의 방법을 파악하는 법을 알아보고 낱말을 써 보세요.

낱말풀이
기쁨: 욕구가 충족되었을 때의 즐거운 마음이나 느낌.
양면테이프: 테이프의 안팎에 접착제가 칠해져 있는 접착테이프의 하나.

읽기 70~73쪽

✏️ 일의 방법을 파악하는 법을 알아보고 문장을 써 보세요.

선물 상자에 포장지를 씌웁니다.

싼 포장지의 모서리를 정리합니다.

낱말
풀이
포장지: 물건을 싸거나 꾸리는 데 쓰는 종이.
모서리: 물체의 모가 진 가장자리.

4. 차근차근 하나씩 / 선물 상자 포장하기

✏️ 일의 방법을 파악하는 법을 알아보고 낱말을 써 보세요.

낱말 풀이
자르기: 동강을 내거나 끊어 내기.
오도록: 일정한 목적으로 어떠한 곳에 오게 하는.

읽기 70~73쪽

✏️ 일의 방법을 파악하는 법을 알아보고 낱말을 써 보세요.

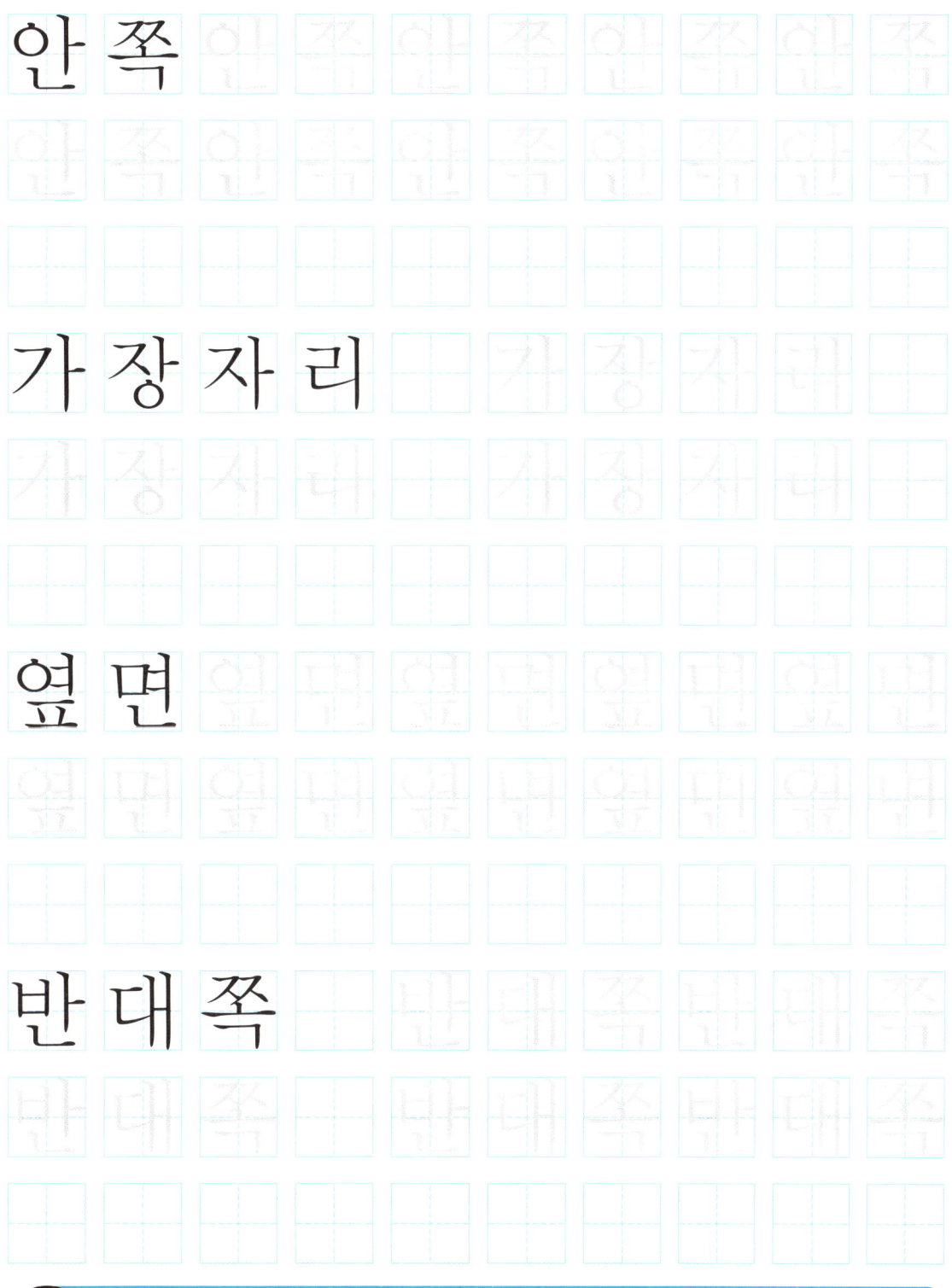

| 낱말 풀이 | 가장자리: 둘레나 끝에 해당되는 부분.
반대쪽: 반대되는 쪽. |

4. 차근차근 하나씩 / 선물 상자 포장하기

✏️ 일의 방법을 파악하는 법을 알아보고 문장을 써 보세요.

가운데에 맞추어

당기면서 붙입니다.

낱말 풀이
맞추어: 서로 떨어져 있는 부분을 제자리에 맞게 대어 붙이는.
당기면서: 물건 따위를 힘을 주어 자기 쪽이나 일정한 방향으로 가까이 오게 하다.

읽기 70~73쪽

✏️ 일의 방법을 파악하는 법을 알아보고 문장을 써 보세요.

포장지가 구겨지지
않도록 해야 합니다.

낱말풀이 구겨지다: 구김살이 잡히다.

4. 차근차근 하나씩 / 나도 청소 박사

✏️ 일의 방법을 파악하는 법을 알아보고 낱말을 써 보세요.

낱말풀이
흡입구: 청소기 끝 부분에 붙어 먼지 따위의 쓰레기를 빨아들이는 구멍.
플러그: 전기 회로를 쉽게 접속, 절단하는 데 사용하기 위하여 코드 끝에 부착하는 접속 기구.

읽기 74~78쪽

✏️ 일의 방법을 파악하는 법을 알아보고 문장을 써 보세요.

스위치를 켜고 조절하여 청소를 해요.

전선 감기 단추를 누르면 선이 감겨요.

 스위치: 전기 회로를 이었다 끊었다 하는 장치.
전선: 전류가 흐르도록 하는 데 쓰는 선.

4. 차근차근 하나씩 / 나도 청소 박사

✏️ 일의 방법을 파악하는 법을 알아보고 낱말을 바르게 써 보세요.

콘센트: 전기 배선과 코드의 접속에 쓰는 기구.
열기구: 난방이나 조리 등에 이용하는 도구.

읽기 74~78쪽

✏️ 일의 방법을 파악하는 법을 알아보고 문장을 써 보세요.

단추를 누른 상태

에서 덮개를 엽니다.

먼지 통 뚜껑을

열고 먼지를 버려요.

낱말 풀이
덮개: 위를 덮는 물건.
먼지: 가늘고 보드라운 티끌.

4. 차근차근 하나씩 / 여러 가지 뜻으로 사용되는 낱말

여러 가지 뜻으로 사용되는 낱말을 알아보고 문장도 써 보세요.

키가 너무 작으면

탈 수 없습니다.

나도 어지럽고 속

이 이상한걸.

 낱말 풀이
이상만: 그 수나 양이 범위에 포함되면서 그 위인 경우.
이상한걸: 정상적인 상태와 다른.

✏️ 여러 가지 뜻으로 사용되는 낱말을 알아보고 문장도 써 보세요.

아는 친구는 손을

들어 발표해 주세요.

잡채는 손이 많이

가는 음식입니다.

발표: 어떤 사실이나 결과 따위를 세상에 널리 드러내어 알림.
잡채: 여러 가지 채소와 고기를 잘게 썰어 볶은 것에 삶은 당면을 넣어 버무린 음식.

4. 차근차근 하나씩 / 여러 가지 안내문이나 설명서의 특징

여러 가지 안내문이나 설명서의 특징을 알아보고 문장도 써 보세요.

알리고 싶은 내용

이 잘 드러나 있다.

사진을 넣어 설명

할 수 있습니다.

낱말 풀이

사진: 물체의 형상을 사진기를 통해 찍어 오랫동안 보존할 수 있게 만든 영상.
싶은: 하고자 하는 마음이나 욕구를 갖고 있음을 나타내는 말.

✏️ 여러 가지 안내문이나 설명서의 특징을 알아보고 문장도 써 보세요.

순서나 방법이 잘 ∨
나타나야 합니다.
안내하는 대상이
잘 나타나게 쓴다.

대상: 어떤 일의 상대 또는 목표나 목적이 되는 것.

5 주고받는 마음 / 우리는 한편이야

✏️ 문장의 종류를 알아보고 낱말을 따라 써 보세요.

낱말 풀이
게임기: 소형 컴퓨터를 이용하여 게임을 즐길 수 있도록 만든 전자 장치.
화장대: 화장품을 올려 놓고 화장할 때에 쓰는 기구.

읽기 82~89쪽

✏️ 문장의 종류를 알아보고 문장을 따라 써 보세요.

어제가 우리 엄마

생일이었어요.

아빠는 올해도 기

억하지 못했어요.

낱말 풀이
올해: 지금 지나가고 있는 이 해.
기억: 이전의 겪었던 일이나 경험을 의식 속에 간직하거나 도로 생각해 냄.

5 주고받는 마음 / 우리는 한편이야

상황에 알맞은 문장의 종류를 생각하며 낱말을 따라 써 보세요.

고무장갑

속치마

스타킹

고무줄

낱말 풀이
고무장갑: 위생이나 취사용 따위의 용도로 쓰는 고무로 만든 장갑.
스타킹: 나일론 따위로 만들어 얇고 신축성이 강한 목이 긴 여성용 양말.

✏️ 상황에 알맞은 문장의 종류를 생각하며 문장을 따라 써 보세요.

진짜 오늘이 엄마 ✓
생신이에요?

엄마는 아무 대답
도 하지 않았어요.

낱말풀이 생신: '생일'을 높여 이르는 말.

5 주고받는 마음 / 우리는 한편이야

✏️ 상황에 알맞은 문장의 종류를 생각하며 낱말을 써 보세요.

낱말풀이 — 현관: 건물의 출입문이나 건물에 붙이어 따로 달아낸 문간.

읽기 93~99쪽

✏️ 상황에 알맞은 문장의 종류를 생각하며 낱말을 써 보세요

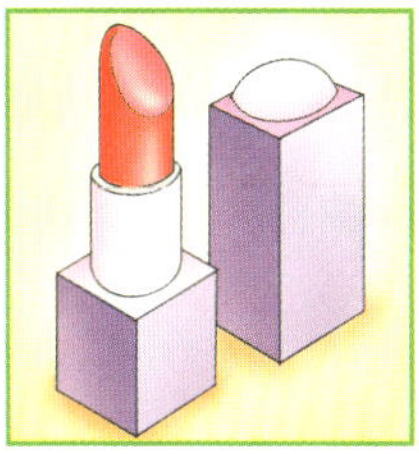

립 스 틱

야 단

식 탁 보

뚫 린

낱말
풀이

야단: 매우 떠들썩하게 일을 벌이거나 부산하게 법석거림.
뚫린: 구멍이 난.

5 주고받는 마음 / 우리는 한편이야

✏️ 상황에 알맞은 문장의 종류를 생각하며 문장을 써 보세요.

아빠가 　 엄마 　 등을

토닥거렸어요.

낱말풀이 토닥거리다: 가볍게 두드리는 소리를 잇따라 내다.

읽기 93~99쪽

✏️ 상황에 알맞은 문장의 종류를 생각하며 문장을 써 보세요.

우리는 아주 기분

좋게 잠이 들었어요.

낱말 풀이
아주: 보통 정도보다 훨씬 더 넘어선 상태로.
기분: 상황에 따라 생기는 마음의 유쾌함이나 불쾌함 따위의 감정.

5 주고받는 마음 / 우리는 한편이야

✏️ 문장 부호를 바르게 사용하여 온점의 문장을 따라 써 보세요.

하늘이 높고 푸른√

가을날 오후입니다.

날씨가 흐려서 그

런지 어둑어둑합니다.

낱말풀이 어둑어둑: 사물을 똑똑히 알아볼 수 없을 만큼 어두운 모양.

읽기 82~89쪽

✏️ 문장 부호를 바르게 사용하여 반점의 문장을 따라 써 보세요.

　어머니, 학교에 다녀왔습니다.

　그래, 이 채소를 같이 다듬자.

낱말
풀이
다듬다: 필요 없는 부분을 떼고 깎아 쓸모 있게 만들다.

5 주고받는 마음 / 우리는 한편이야

✏️ 문장 부호를 바르게 사용하여 묻는 문장을 따라 써 보세요.

엄마, 아빠를 이해

해 줄 수 있겠니?

당신, 오늘 내 생

일인 거 몰랐어요?

낱말풀이 생일: 세상에 태어난 날. 또는 태어난 날을 기념하는 날.

📝 문장 부호를 바르게 사용하여 감탄을 나타내는 문장을 따라 써 보세요.

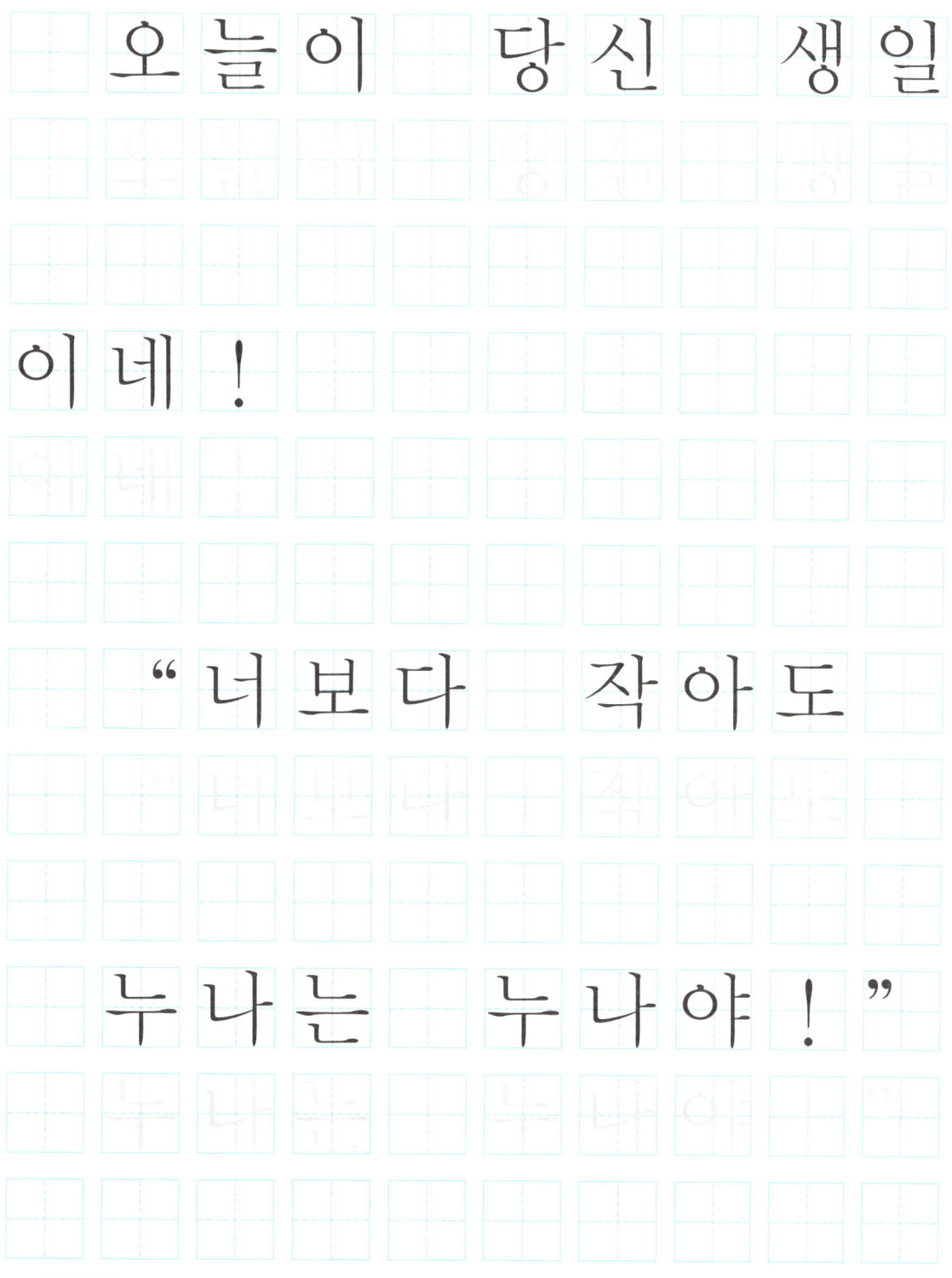

| 낱말 풀이 | 당신: 부부 사이에서, 상대편을 높여 이르는 이인칭 대명사.
누나: 부모가 같은 남매지간에서 남자가 손위의 누이를 부르는 말. |

5 주고받는 마음 / 전화로 대화할 때에 지켜야 할 예절

✏️ 전화 예절에 대하여 알아보고 문장도 따라 써 보세요.

전화를 걸었을 때 ✓

내 소개를 합니다.

잘못 걸린 전화라

도 친절하게 받아요.

낱말풀이
소개: 모르는 사실이나 내용을 잘 알도록 하여 주는 설명.
잘못: 틀리거나 잘하지 못하여 그릇되게 한 일.

✏️ 전화 예절에 대하여 알아보고 문장도 따라 써 보세요.

　공공장소에서는 작은 목소리로 말해요.

　전화하기에 알맞은 시간인지 확인합니다.

 공공장소: 사회의 여러 사람 또는 여러 단체에 공동으로 속하거나 이용되는 곳.

5 주고받는 마음 / 문장의 종류를 달리하여 표현

✏️ 문장의 종류를 달리하여 표현하는 경우를 알아보고 따라 써 보세요.

대화할 때에 고운 ✓
말을 사용하자.

대화할 때에 고운 ✓
말을 사용해.

낱말풀이 고운: 상냥하고 순하다.

🖊 부탁하는 문장과 까닭을 알아보고 따라 써 보세요.

위험한 놀이를 하지 않았으면 좋겠어.

위험한 놀이를 하면 다칠 수 있어.

낱말
풀이
위험한: 해로움이나 손실이 생길 우려가 있는.
다칠: 부딪치거나 맞거나 하여 신체에 상처를 입는.

6. 서로의 생각을 나누어요 / 자린고비 영감

독서 감상문에서 의견과 까닭을 알아보고 낱말을 따라 써 보세요.

낱말 풀이
굴비: 소금에 약간 절여서 통으로 말린 조기.
짚신: 볏짚으로 삼아 만든 신.

읽기 101~104쪽

✏️ 독서 감상문에서 의견과 까닭을 알아보고 문장을 따라 써 보세요.

구두쇠인 자린고비

영감이 살았습니다.

그 손을 씻은 물

로 국을 끓였습니다.

낱말 풀이
구두쇠: 돈이나 재물 따위를 쓰는 데에 몹시 인색한 사람.
자린고비: 심할 정도로 인색한 사람을 낮잡아 이르는 말.

6. 서로의 생각을 나누어요 / "프레드릭"을 읽고

✏️ 독서 감상문을 읽고, 의견과 까닭을 구별해보고 낱말을 따라 써 보세요.

| 낱말풀이 | 식량: 생존을 위하여 필요한 사람의 먹을거리.
게으름뱅이: '게으름쟁이'를 낮잡아 이르는 말로 습성이나 태도가 게으른 사람. |

읽기 105~108쪽

✏️ 독서 감상문을 읽고, 의견과 까닭을 구별해보고 문장을 따라 써 보세요.

일하지 않고 노래를 부르며 살았다.

긴 겨울을 행복하게 지낼 수도 있지.

낱말 풀이 겨울: 한 해의 네 철 가운데 가장 추운 계절로 양력에서는 12월부터 2월까지.

6. 서로의 생각을 나누어요 / "프레드릭"을 읽고

✏️ 독서 감상문을 읽고, 의견과 까닭을 구별해보고 낱말을 따라 써 보세요.

낱말 풀이 핑계: 내키지 아니하는 사태를 피하거나 사실을 감추려고 다른 일을 내세움.

읽기 105~108쪽

✏️ 독서 감상문을 읽고, 의견과 까닭을 구별해보고 낱말을 따라 써 보세요.

계	속

추	운

반	쯤

표	지

낱말 풀이
반쯤: 절반 정도.
표지: 책의 맨 앞뒤의 겉장.

6. 서로의 생각을 나누어요 / 새들의 왕 뽑기

✏️ 인물의 행동에 대한 의견을 비교하며 낱말을 바르게 써 보세요.

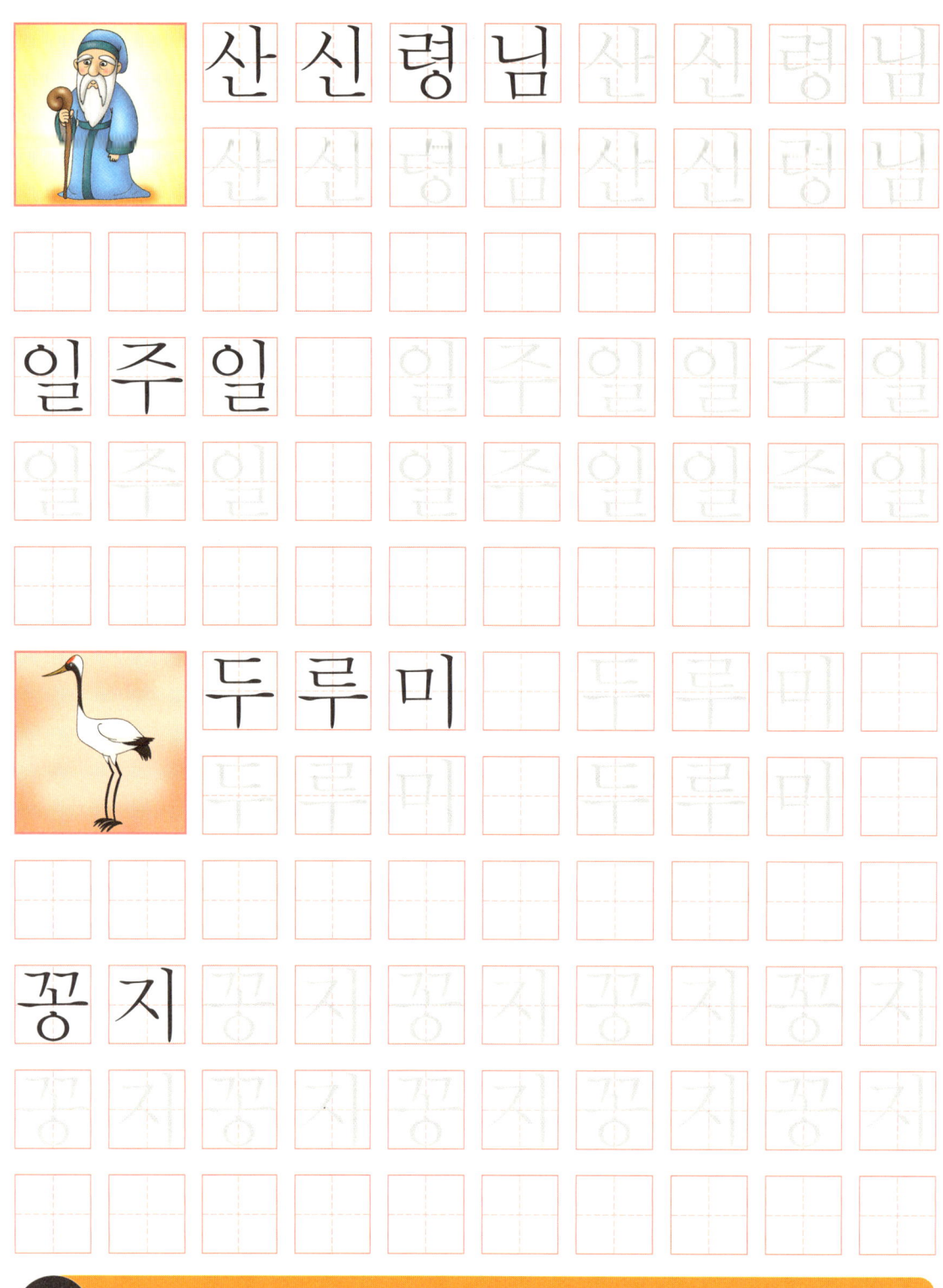

낱말 풀이
두루미: 두루밋과의 새. 몸은 흰색이고 이마, 목, 다리와 날개 끝은 검은색이다.
꽁지: 새의 꽁무니에 붙은 깃.

읽기 109~114쪽

✏️ 인물의 행동에 대한 의견을 비교하며 낱말을 바르게 써 보세요.

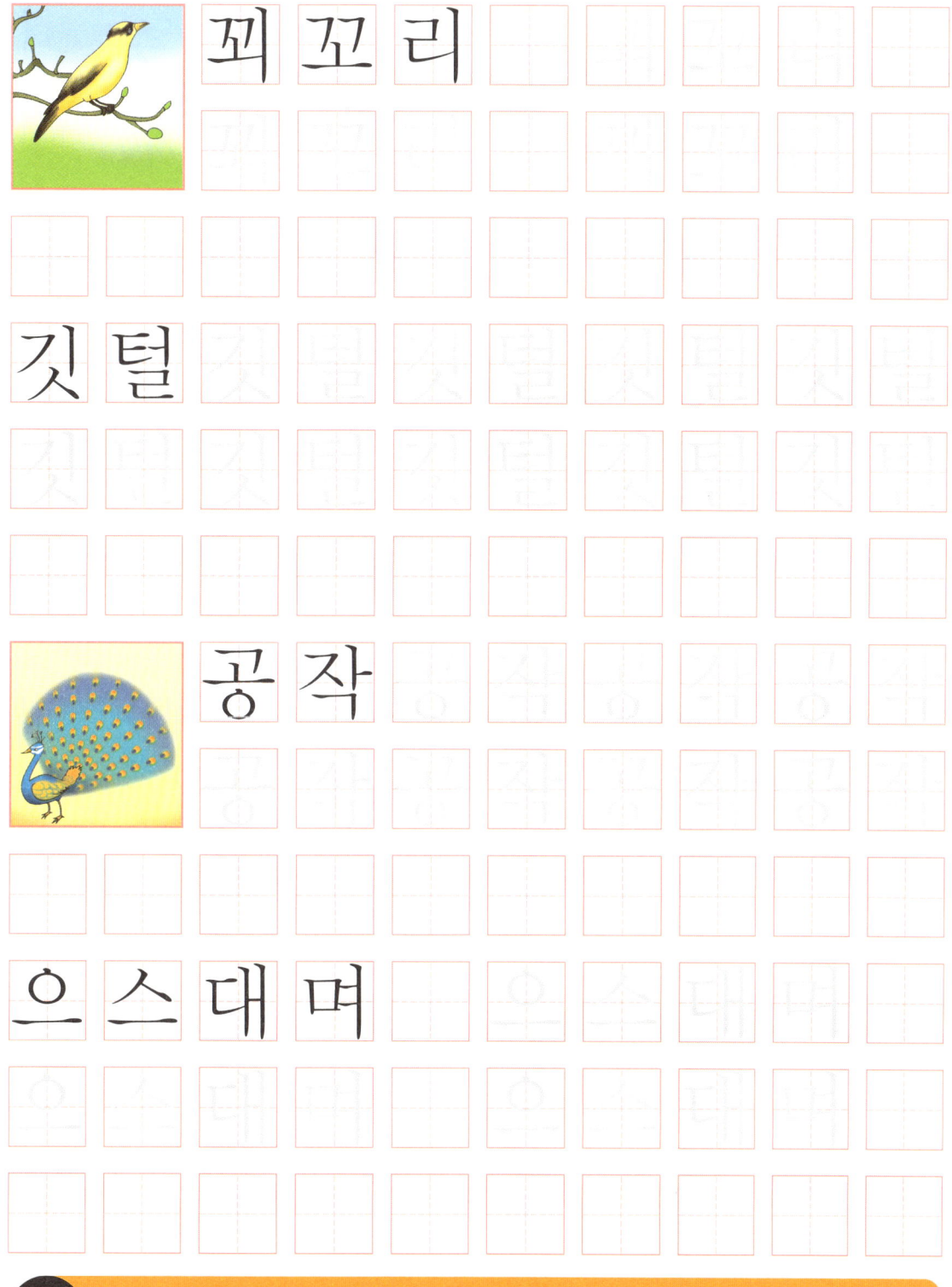

꾀꼬리

깃털

공작

으스대며

낱말풀이
꾀꼬리: 까마귓과의 새. 울음소리가 매우 아름답다.
으스대며: 어울리지 아니하게 우쭐거리며 뽐내다.

6. 서로의 생각을 나누어요 / 새들의 왕 뽑기

✏️ 인물의 행동에 대한 의견을 비교하며 문장을 바르게 써 보세요.

서로 자기가 왕이

라고 우겼습니다.

낱말풀이 우기다: 억지를 부려 제 의견을 고집스럽게 내세우다.

읽기 109~114쪽

✏️ 인물의 행동에 대한 의견을 비교하며 문장을 바르게 써 보세요.

아름답게 꾸미기

시작하였습니다.

낱말 풀이
아름답게: 균형과 조화를 이루어 눈과 귀에 즐거움과 만족을 줄 만하게.
꾸미기: 모양이 나게 매만져 차리거나 손질하기.

103

6. 서로의 생각을 나누어요 / 새들의 왕 뽑기

✏️ 인물의 행동에 대한 의견을 비교하며 낱말을 바르게 써 보세요.

| 낱말풀이 | 온갖: 이런저런 여러 가지의.
떨어뜨린: 가지고 있던 물건을 빠뜨려 흘린. |

📝 인물의 행동에 대한 의견을 비교하며 문장을 바르게 써 보세요.

까마귀는 제 모습

으로 돌아왔습니다.

새들이 모두 까마

귀를 비웃었습니다.

 비웃다: 행동을 터무니없거나 어처구니없다고 여겨 얕잡거나 업신여기다.

6. 서로의 생각을 나누어요 / 인물의 행동에 대한 내 의견

✏️ 인물의 행동에 대한 내 의견을 말해보고 문장도 써 보세요.

다른 의견도 주의

깊게 들어야 해요.

사람에 따라 의견

이 다르기도 해요.

낱말 풀이
깊게: 생각이 듬쑥하고 신중하게.
다르기도: 비교가 되는 두 대상이 서로 같지 아니하기도.

말하기, 듣기 79~91쪽

✏️ 인물의 행동에 대한 내 의견을 말해보고 문장도 써 보세요.

친구의 말이 끝난 뒤에 말하였나요? 까닭을 들면서 의견을 말하였나요?

낱말풀이 끝난: 일이 다 이루어지거나 지난.

6. 서로의 생각을 나누어요 / 읽는 이를 고려하는 까닭과 방법

✏️ 읽는 이를 고려하여야 하는 까닭을 알아보고 문장도 써 보세요.

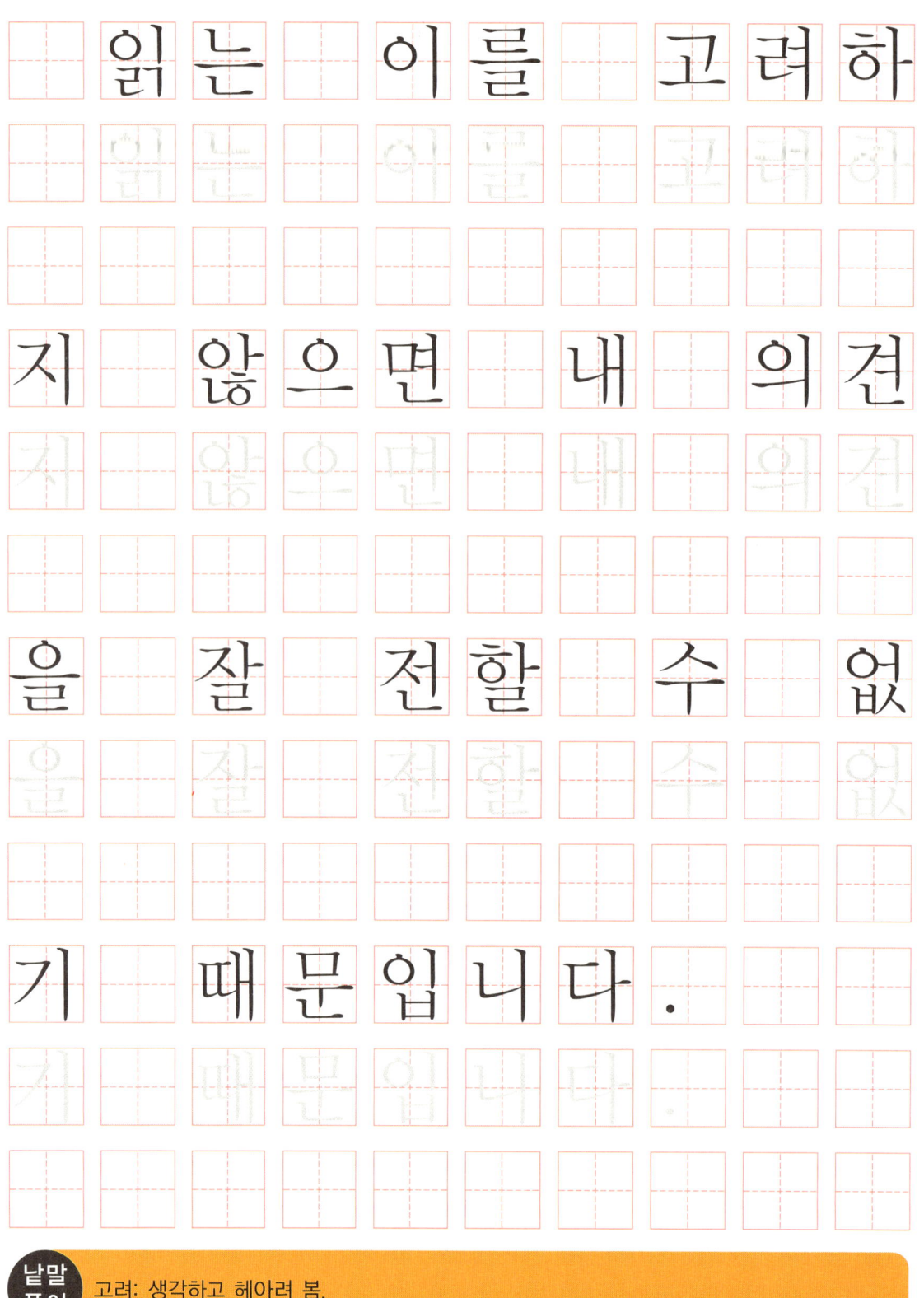

읽는 이를 고려하지 않으면 내 의견을 잘 전할 수 없기 때문입니다.

낱말풀이 고려: 생각하고 헤아려 봄.

쓰기 191~201쪽

✏️ 읽는 이를 고려하는 방법을 알아보고 문장을 써 보세요.

　내 의견과 까닭이

잘 드러나야 해요.

　내 의견과 다를

수 있기 때문입니다.

까닭: 일이 생기게 된 원인이나 조건.

7. 마음을 읽어요 / 배낭 속 우산

✏️ 인물의 마음을 살펴보며 낱말을 따라 써 보세요.

우산 우산 우산 우산 우산
우산 우산 우산 우산 우산

소풍 소풍 소풍 소풍 소풍
소풍 소풍 소풍 소풍 소풍

배낭 배낭 배낭 배낭 배낭
배낭 배낭 배낭 배낭 배낭

식은땀 식은땀 식은땀
식은땀 식은땀 식은땀

낱말 풀이
소풍: 학교에서, 자연 관찰이나 역사 유적 따위의 견학을 겸하여 야외로 갔다 오는 일.
식은땀: 몹시 긴장하거나 놀랐을 때 흐르는 땀.

✏️ 인물의 마음을 살펴보며 문장을 따라 써 보세요.

아이들은 오들오들

떨기까지 하였습니다.

가슴이 두근거리고

머리가 아팠습니다.

 낱말 풀이
오들오들: 춥거나 무서워서 몸을 잇따라 심하게 떠는 모양.
두근거리고: 몹시 놀라거나 불안하여 가슴이 자꾸 뛰고.

7. 마음을 읽어요 / 배낭 속 우산

✏️ 인물의 마음을 살펴보며 낱말을 따라 써 보세요.

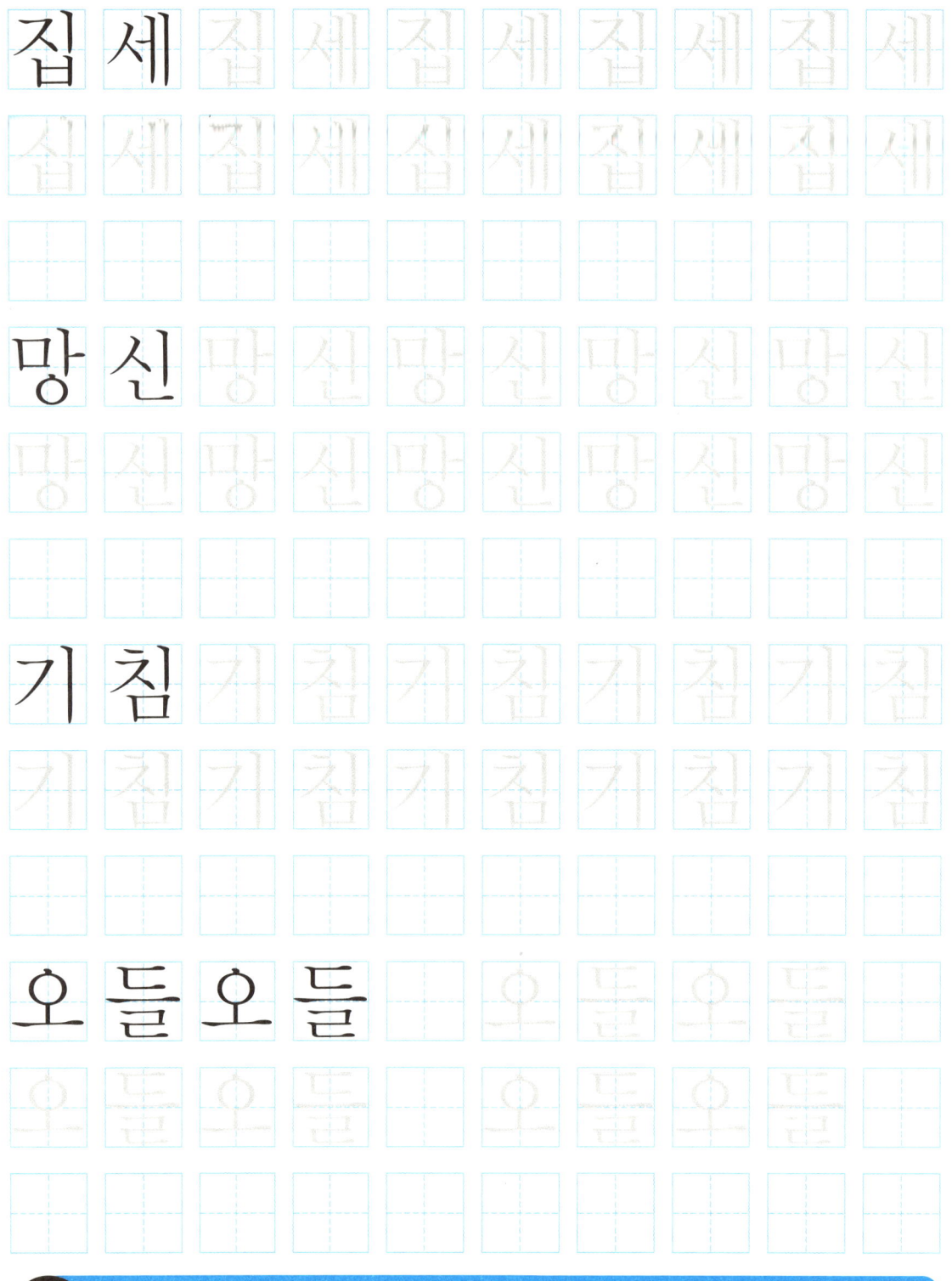

| 낱말풀이 | 집세: 남의 집을 빌려 사는 대가로 내는 돈.
망신: 말이나 행동을 잘못하여 자기의 지위, 명예, 체면 따위를 손상함. |

읽기 123~127쪽

✏️ 인물의 마음을 살펴보며 낱말을 따라 써 보세요.

| 낱말풀이 | 각오: 앞으로 해야 할 일이나 겪을 일에 대한 마음의 준비.
수선: 낡거나 헌 물건을 고침. |

7. 마음을 읽어요 / 세뱃돈 소동

✏️ 인물의 마음이 드러난 부분을 알아보고 낱말을 따라 써 보세요.

낱말풀이	명단: 어떤 일에 관련된 사람들의 이름을 적은 표. 세뱃돈: 세배하러 온 사람에게 세배를 받은 사람이 주는 돈.

읽기 128~131쪽

✏️ 인물의 마음이 드러난 부분을 알아보고 문장을 따라 써 보세요.

할아버지, 세배가

늦어 죄송합니다.

왜 장학금을 주지 ✓

않았을까요?

 낱말 풀이 세배: 섣달그믐이나 정초에 웃어른께 인사로 하는 절.

7. 마음을 읽어요 / 세뱃돈 소동

✏️ 인물의 마음이 드러난 부분을 알아보고 낱말을 따라 써 보세요.

학	용	품

토	담	집

장	학	금

용	돈

낱말풀이
토담집: 토담만 쌓아 그 위에 지붕을 덮어 지은 집.
장학금: 주로 성적은 우수하지만 경제적으로 어려움을 겪는 학생에게 보조해 주는 돈.

읽기 128~131쪽

✏️ 인물의 마음이 드러난 부분을 알아보고 낱말을 따라 써 보세요.

재산

부자

천사

끝내

재산: 재화와 자산을 통틀어 이르는 말.
끝내: 끝까지 내내.

7. 마음을 읽어요 / 삼 년 고개

✏️ 인물의 마음을 생각하며 낱말을 바르게 써 보세요.

낱말 풀이
조기: 민어과의 수조기, 참조기 따위를 통틀어 이르는 말.
책벌레: 지나치게 책을 읽거나 공부하는 데만 열중하는 사람을 놀림조로 이르는 말.

읽기 132~139쪽

✏️ 인물의 마음을 생각하며 문장을 바르게 써 보세요.

어쩌다 삼 년 고개에서 넘어졌소.

오래 살 수 있는 방법이 있어요.

 어쩌다: '어찌하다'의 준말. '어떠한 이유 때문에'의 뜻.
방법: 어떤 일을 해 나가거나 목적을 이루기 위하여 취하는 수단이나 방식.

7. 마음을 읽어요 / 삼 년 고개

✏️ 인물의 마음을 생각하며 낱말을 바르게 써 보세요.

오동통한

건넛마을

수작

오래오래

낱말풀이
오동통한: 몸집이 작고 통통한 모양.
수작: 남의 말이나 행동, 계획을 낮잡아 이르는 말.

✏️ 인물의 마음을 생각하며 문장을 바르게 써 보세요.

구르는 수만큼 살게 해 주십시오.

노인은 기뻐하며 자꾸 굴렸습니다.

 낱말 풀이
수만큼: 상당하는 수량이나 정도임을 나타내는 말.
자꾸: 여러 번 반복하거나 끊임없이 계속하여.

7. 마음을 읽어요 / 등장인물의 특성

✏️ 만화 영화를 보며 등장인물의 특성을 알아보고 문장도 써 보세요.

형의 말을 잘 든
지 않고 고집이 세.

발을 까닥거리는

모습이 불량해 보여.

낱말 풀이
고집: 자기의 의견을 바꾸거나 고치지 않고 굳게 버팀.
불량해: 행실이나 성품이 나빠.

말하기, 듣기 93~107쪽

✏️ 만화 영화를 보며 등장인물의 특성을 알아보고 문장도 써 보세요.

표정에서 자상함과 ✓
인자함이 느껴져.

부모님께 감사하는 ✓
마음이 부족해.

자상함: 인정이 넘치고 정성이 지극함.
부족해: 필요한 양이나 기준에 미치지 못해.

7. 마음을 읽어요 / 독서 감상문을 쓰면 좋은 점

✏️ 독서 감상문을 쓰면 어떤 점이 좋은지 알아보고 문장을 써 보세요.

다른 사람의 생각
을 알 수 있어요.
글을 더 잘 이해
할 수 있습니다.

이해: 사리를 분별하여 해석함.

쓰기 203~217쪽

📝 독서 감상문을 쓰면 어떤 점이 좋은지 알아보고 문장을 써 보세요.

느낌을 잘 나타낼 ∨
수 있어서 좋습니다.
다른 점을 비교하
며 이야기도 해요.

| 낱말 풀이 | 비교: 사물이나 현상을 견주어 서로 간의 유사점과 공통점, 차이점 따위를 밝히는 일.
느낌: 몸의 감각이나 마음으로 깨달아 아는 기운이나 감정. |

125